Kohlhammer

**Der Autor**

Gerhard Tulodziecki ist emeritierter Professor an der Fakultät für Kulturwissenschaften der Universität Paderborn. Nach dem Ersten und Zweiten Lehramtsexamen, einer anschließenden Lehr- und Forschungstätigkeit in der Erziehungswissenschaft sowie Promotion und Habilitation wurde er zum Professor für Medienverbund und Mediendidaktik berufen und leitete das gleichnamige Institut am Forschungs- und Entwicklungszentrum für objektivierte Lehr- und Lernverfahren (FEoLL). Im Anschluss übernahm er die Professur für Allgemeine Didaktik und Schulpädagogik an der Universität Paderborn. In dieser Zeit hat er mehrere Modellversuche zur Medienerziehung und Medienbildung in der Schule wissenschaftlich begleitet. Zudem war er Mitglied verschiedener Arbeitsgruppen zu Fragen der Lehrerbildung und Medienpädagogik auf Landes- und Bundesebene. Unter anderem wirkte er am Orientierungsrahmen zur »Medienerziehung in der Schule« der Bund-Länder-Kommission für Bildungsplanung und Forschungsförderung mit.

Gerhard Tulodziecki

# Medienerziehung und Medienbildung in der Grundschule

Verlag W. Kohlhammer

Dieses Werk einschließlich aller seiner Teile ist urheberrechtlich geschützt. Jede Verwendung außerhalb der engen Grenzen des Urheberrechts ist ohne Zustimmung des Verlags unzulässig und strafbar. Das gilt insbesondere für Vervielfältigungen, Übersetzungen, Mikroverfilmungen und für die Einspeicherung und Verarbeitung in elektronischen Systemen.

Die Wiedergabe von Warenbezeichnungen, Handelsnamen und sonstigen Kennzeichen in diesem Buch berechtigt nicht zu der Annahme, dass diese von jedermann frei benutzt werden dürfen. Vielmehr kann es sich auch dann um eingetragene Warenzeichen oder sonstige geschützte Kennzeichen handeln, wenn sie nicht eigens als solche gekennzeichnet sind.

Es konnten nicht alle Rechtsinhaber von Abbildungen ermittelt werden. Sollte dem Verlag gegenüber der Nachweis der Rechtsinhaberschaft geführt werden, wird das branchenübliche Honorar nachträglich gezahlt.

Dieses Werk enthält Hinweise/Links zu externen Websites Dritter, auf deren Inhalt der Verlag keinen Einfluss hat und die der Haftung der jeweiligen Seitenanbieter oder -betreiber unterliegen. Zum Zeitpunkt der Verlinkung wurden die externen Websites auf mögliche Rechtsverstöße überprüft und dabei keine Rechtsverletzung festgestellt. Ohne konkrete Hinweise auf eine solche Rechtsverletzung ist eine permanente inhaltliche Kontrolle der verlinkten Seiten nicht zumutbar. Sollten jedoch Rechtsverletzungen bekannt werden, werden die betroffenen externen Links soweit möglich unverzüglich entfernt.

1. Auflage 2021

Alle Rechte vorbehalten
© W. Kohlhammer GmbH, Stuttgart
Gesamtherstellung: W. Kohlhammer GmbH, Stuttgart

Print:
ISBN 978-3-17-040400-7

E-Book-Formate:
pdf: ISBN 978-3-17-040401-4
epub: ISBN 978-3-17-040402-1

# Vorwort der Herausgeberinnen

Die aktuellen gesellschaftlichen und häufig globalisierungsbedingten Veränderungen beeinflussen Grundschulen auf mannigfaltige Arten. Angesichts dessen thematisiert die neue Reihe »Grundschule heute« – herausgegeben von Dr. *Sanna Pohlmann-Rother* (Inhaberin des Lehrstuhls für Grundschulpädagogik und -didaktik an der Universität Würzburg) und Dr. *Sarah Désirée Lange* (Akademische Rätin am Lehrstuhl für Grundschulpädagogik und -didaktik der Universität Würzburg) – drängende Zukunftsfragen in ihrer Bedeutung für die Disziplin der Grundschulpädagogik und Grundschuldidaktik. Die gesellschaftlichen und bildungspolitischen Entwicklungen der Gegenwart betreffen Bereiche wie Digitalisierung, Inklusion, Globalisierung, Migration und Flucht und bringen weitreichende neue Herausforderungen für Lehrkräfte, Schulleitungen und für Eltern und ihre Kinder mit sich.

So stellt beispielsweise der mit den gesellschaftlichen Digitalisierungsprozessen verbundene Anspruch, Schülerinnen und Schüler zu einem selbstbestimmten und reflektierten Umgang mit digitalen Medien zu befähigen, alle Beteiligten vor neue Herausforderungen. Auch Mehrsprachigkeit und Fluchtmigration sind Phänomene gesellschaftlicher Entwicklungen, die gegenwärtig in hohem Maße zur Komplexität professionellen Handelns von Lehrkräften beitragen.

Mit der vorliegenden Reihe soll der grundschulpädagogische Diskurs hinsichtlich der gegenwärtigen und zukünftigen Entwicklungen der Gesellschaft weiterentwickelt werden. Dazu werden in jedem Band neben einer forschungs- und theoriebasierten Auseinandersetzung auch jeweils praktisch umsetzbare Ansätze für die Gestaltung von Unterricht und von grundschulbezogenen Bildungsprozessen herausgearbeitet.

In diesem Zusammenhang werden auch die aktuellen Strukturen und Inhalte der Ausbildung von Grundschullehrkräften hinterfragt. So werden in der Reihe »Grundschule heute« relevante Professionalisierungsfelder identifiziert, mögliche Implikationen für die Rahmenbedingungen der Lehrkräftebildung aufgezeigt und Anforderungen an eine qualitativ hochwertige und zeitgemäße Qualifizierung von Grundschullehrkräften diskutiert.

Zusammenfassend geht es darum, hinsichtlich gegenwärtiger und künftiger Herausforderungen die *institutionellen Bedingungen der Grundschule* mit dem Anspruch an grundlegende Bildung und die Frage nach zeitgemäßen Bildungsinhalten neu in den Blick zu nehmen. Damit verbunden ist die genaue Betrachtung *kindlicher Lebenswelten* und die Berücksichtigung aktueller Aufwachsensbedingungen der Schülerinnen und Schüler. Auf Schul- und Unterrichtsebene stellen sich dabei *pädagogisch-didaktische Fragen*, zu denen auch rahmende Raum-, Zeit- und Organisationsstrukturen gehören. Auf Seiten der *Lehrkräfte* umfasst dies anspruchsvolle und zum Teil spannungsreiche Aufgaben, die sich beispielsweise in einem reflektierten Umgang mit sprachlicher Vielfalt und Mehrsprachigkeit im Zuge von Migration und Flucht manifestieren oder mit der Forderung nach einem inklusiven Schulsystem verbunden sind.

Würzburg, im Mai 2021
*Sanna Pohlmann-Rother und Sarah Désirée Lange*

# Inhaltsverzeichnis

**Vorwort der Herausgeberinnen**     5

**Einleitung**     13

**1    Medien im Tagesablauf von Grundschulkindern**     19

| | | |
|---|---|---|
| 1.1 | Beispiel: Pauls Tagesablauf | 20 |
| 1.2 | Grundformen der Mediennutzung und Nutzungsbereiche | 22 |
| 1.3 | Merkmale der Medienlandschaft | 24 |
| 1.4 | Allgemeine Chancen und Risiken der Mediennutzung | 31 |
| 1.5 | Bedeutung für Erziehung und grundlegende Bildung | 35 |

**2    Bedingungen des Medienhandelns von Kindern**     38

| | | |
|---|---|---|
| 2.1 | Beispiel: Mila und ihr Smartphone | 39 |
| 2.2 | Bedingungen des Medienhandelns | 40 |
| 2.3 | Modellvorstellung von menschlichem Handeln | 43 |
| 2.4 | Bedeutung für die medienerzieherische Begleitung von Kindern | 45 |
| 2.5 | Bedeutung für Erziehung und grundlegende Bildung | 47 |

## 3 Mediennutzung als bedürfnis- und situationsbezogene Handlung 51

| | | |
|---|---|---|
| 3.1 | Beispiel: Leon und seine digitalen Spiele | 52 |
| 3.2 | Bedürfnisse von Kindern | 54 |
| 3.3 | Annahmen zum Wirksamwerden von Bedürfnissen | 60 |
| 3.4 | Zum Verhältnis von Bedürfnissen und Emotionen | 63 |
| 3.5 | Umwelt als Rahmenbedingung für die Anregung von Bedürfnissen | 64 |
| 3.6 | Bedeutung für Erziehung und grundlegende Bildung | 66 |

## 4 Mediennutzung als erfahrungs- und wissensbezogenes Handeln 69

| | | |
|---|---|---|
| 4.1 | Beispiel: Linas und Ellas Tanzvideo | 70 |
| 4.2 | Zu Erfahrungen von Kindern in Medienzusammenhängen | 71 |
| 4.3 | Zum Wissen von Kindern *über* Medien | 74 |
| 4.4 | Erfahrungsformen und Wissenserwerb *durch* Medien | 77 |
| 4.5 | Gestaltungsmöglichkeiten von medialen Botschaften | 80 |
| 4.6 | Bedeutung für Erziehung und grundlegende Bildung | 82 |

## 5 Mediennutzung als entwicklungsbezogenes Handeln 86

| | | |
|---|---|---|
| 5.1 | Beispiel: Felix – Fernsehserie oder Kinderbuch? | 87 |
| 5.2 | Arten des Denkens und intellektuelle Entwicklung | 89 |
| 5.3 | Urteilsformen und sozial-moralische Entwicklung | 93 |
| 5.4 | Bedeutung für Erziehung und grundlegende Bildung | 97 |

## 6 Rahmen für die Medienerziehung und Medienbildung in der Grundschule 100

| | | |
|---|---|---|
| 6.1 | Beispiele zu grundsätzlichen Sichtweisen bezüglich medienbezogener Erziehungs- und Bildungsaufgaben | 101 |
| 6.2 | Grundpositionen zu Erziehungs- und Bildungsaufgaben im Medienbereich | 103 |
| 6.3 | Ein konzeptioneller Rahmen für medienbezogene Erziehungs- und Bildungsaufgaben | 106 |
| 6.4 | Zusammenfassende Konzeptdarstellung | 115 |

## 7 Nutzungsbezogene Aufgabenfelder der Medienerziehung und Medienbildung 120

| | | |
|---|---|---|
| 7.1 | Projektbeispiel: Bedrohte Tierarten | 121 |
| 7.2 | Merkmale von Unterrichtseinheiten oder Projekten zu nutzungsbezogenen Aufgabenfeldern | 125 |

| | | |
|---|---|---|
| 7.3 | Weitere Unterrichts- und Projektideen zur reflektierten Nutzung von medialen Möglichkeiten für Information und Lernen | 128 |
| 7.4 | Unterrichts- und Projektideen zur reflektierten Nutzung von medialen Möglichkeiten für Unterhaltung und Spiel | 130 |
| 7.5 | Unterrichts- und Projektideen zur reflektierten Nutzung von medialen Möglichkeiten für Austausch und Kooperation | 132 |
| 7.6 | Unterrichts- und Projektideen zur reflektierten Nutzung von medialen Möglichkeiten für die Gestaltung und Präsentation eigener Beiträge | 135 |

## 8 Inhaltsbezogene Aufgabenfelder der Medienerziehung und Medienbildung — 139

| | | |
|---|---|---|
| 8.1 | Projektbeispiel: Ich sehe was, was du nicht siehst! | 140 |
| 8.2 | Merkmale von Unterrichtseinheiten oder Projekten zu inhaltsbezogenen Aufgabenfeldern | 143 |
| 8.3 | Weitere Unterrichts- und Projektideen zum Unterscheiden und Einschätzen von medialen Gestaltungsmöglichkeiten | 145 |
| 8.4 | Unterrichts- und Projektideen zum Erkennen und Aufarbeiten von Medieneinflüssen | 148 |
| 8.5 | Unterrichts- und Projektideen zum Erfahren und Bewerten von Merkmalen der Medienlandschaft | 150 |
| 8.6 | Unterrichts- und Projektideen zum Durchschauen und Beurteilen von Bedingungen der Medienproduktion und Medienverbreitung | 153 |

## 9 Entwicklung schulspezifischer Konzepte für die Medienerziehung und Medienbildung — 158

- 9.1 Zusammenfassende Übersicht für ein schulspezifisches Konzept — 159
- 9.2 Entwicklung und Pflege schulspezifischer Konzepte — 166

## 10 Medienpädagogische Kompetenz von Lehrpersonen und Professionalisierung — 171

- 10.1 Ein Beispiel aus dem Lehramtsstudium — 172
- 10.2 Medienbezogene Kompetenzerwartungen an Lehrpersonen — 173
- 10.3 Zum Kompetenzerwerb in verschiedenen Phasen der Lehrkräftebildung — 177
- 10.4 Kompetenzerwerb und Professionalisierung — 179

## Abbildungs- und Tabellenverzeichnis — 183

## Literaturverzeichnis — 184

# Einleitung

Kinder wachsen in einer Umwelt auf, die durch ein umfangreiches Angebot medialer Möglichkeiten gekennzeichnet ist. Die Palette der Medien reicht von Büchern und anderen Schreib- bzw. Druckmedien über auditive, visuelle und audiovisuelle Medien bis zu den digitalen Möglichkeiten. Aufgrund der digitalen Technik sind Medien praktisch an jedem Ort und zu jeder Zeit mit attraktiven Angeboten und Werkzeugen verfügbar. Als Beispiel dafür kann das Smartphone gelten. Es hat sich vom mobilen Telefon zu einem Universalgerät entwickelt, das auch für viele Kinder zu einem wichtigen Begleiter geworden ist. Mit seinen akustischen und optischen Möglichkeiten spricht es Kinder in vielfältiger Weise an. Dabei kommt es – wie auch andere Medien – den kindlichen Bedürfnissen nach Sinneserregung und Erkundung der Umwelt, nach Spannung und Entspannung sowie nach Orientierung und nach sozialem Eingebundensein entgegen. Aus der Wechselbeziehung von medialen Möglichkeiten und kindlichen Bedürfnissen ergeben sich mannigfaltige Formen der Mediennutzung. Beispielsweise lassen sich Medien zum Anschauen lustiger und spannender Geschichten, zur Suche nach interessanten Informationen und zum Lernen, zum Spielen und zu weiteren Formen der Unterhaltung, zur Herstellung eigener Fotos oder Videos und zum Austausch mit Freundinnen oder Freunden nutzen. In solchen Zusammenhängen entstehen einerseits Chancen, andererseits aber auch Risiken für die kindliche Entwicklung. Deshalb ergibt sich schon in der Familie und in der Kita und dann besonders in der Grundschule die Anforderung, Kinder zu einem verantwortlichen Medienhandeln anzuregen und sie auf dem Weg dorthin zu unterstützen. Dies umfasst sowohl Bemühungen, Kinder vor Gefährdungen durch problematische Medienangebote zu schützen, als auch Bestrebungen, Kinder zum Erwerb von Kenntnissen, Fertigkeiten und Fähigkeiten anzuleiten, die es ihnen ermöglichen, vorhandene Angebote sinnvoll zu nutzen und eigene mediale Beiträge zu erstellen. Mit Blick auf die gegenwärtige und zukünftige gesellschaftliche Situation ist davon auszugehen, dass es für die Persönlichkeitsentwicklung und für die Teilhabe am sozialen Leben immer wichtiger wird, die »Sprache« der Medien angemessen zu verstehen und sich in dieser »Sprache« auszudrücken zu können sowie Medieneinflüsse zu erkennen und aufzuarbeiten und die Medienlandschaft mit ihren digitalen Grundlagen und ihren Bedingungen – soweit es jeweils in entwicklungsbezogener Hinsicht möglich ist – zu durchschauen.

Insgesamt bedürfen der Erwerb eines entsprechenden Wissens und Könnens sowie die Entwicklung eines förderlichen Umgangs mit den medialen Möglichkeiten einer erzieherischen und bildungsbezogenen Begleitung und Einflussnahme durch Eltern, Erzieherinnen, Erzieher und Lehrpersonen. So ergeben sich auch für die Grundschule bedeutsame *Erziehungs-* und *Bildungsaufgaben* im Feld der Medien. Dies gilt umso mehr, als Erziehung und Bildung mit der Weltbegegnung und Weltaneignung von Kindern verbunden sind und wesentlich durch Medien beeinflusst werden. In diesem Sinne gehören Medienerziehung und Medienbildung zum Erziehungs- und Bildungsauftrag der Grundschule. Dabei lässt sich Medienerziehung schwerpunktmäßig durch den Versuch einer Einflussnahme auf die Bereitschaft bzw. den Willen zu einem sozial verantwortlichen Verhalten in Medienzusammenhängen kennzeichnen, während bei der *Medienbildung* die Förderung der geistigen Entwicklung im Zusammenhang mit der Aneignung medienbezogenen Wissens und Könnens und eines entsprechenden Handelns im Mittelpunkt steht. Allerdings gibt es zwischen beiden Bereichen vielfältige Überschneidungen und Übergänge. Beispielsweise sollten Bemühungen um ein sozial verantwortliches Verhalten damit verbunden sein, für Kinder Einsichten in medienrelevante Zusammenhänge zu ermöglichen, und gleichzeitig ist es wünschenswert, dass sich medienbezogenes Wissen und Können auch in sozial verantwortlichem Verhalten ausdrückt. Wegen der Überschneidungen und Übergänge zwischen beiden Begriffen – die sich im Übrigen auch in der allgemeinen erziehungswissenschaftlichen Diskussion widerspiegeln – erfolgt in diesem Buch keine strikte Trennung zwischen Erziehungs- und Bildungsaufgaben. Vielmehr werden beide Begriffe gemeinsam verwendet, ebenso wie die Bezeichnungen *Medienerziehung* und *Medienbildung*.

Vor diesem Hintergrund wird in Kapitel 1 – ausgehend von der Mediennutzung von Kindern – der Blick auf Medienausstattungen und auf Nutzungszusammenhänge gerichtet. Dabei kommen generelle Chancen und Risiken der Mediennutzung zur Sprache. In Kapitel 2 geht es um die Frage, durch welche Bedingungen das Medienhandeln von Kindern beeinflusst wird. Als Bedingungen werden situative Gegebenheiten im Rahmen der Lebenssituation, Bedürfnisse von Kindern und damit verbundene Emotionen, Erfahrungen und Wissen sowie der Entwicklungsstand in intellektueller und sozial-moralischer Hinsicht angesprochen.

In Kapitel 3, 4 und 5 sollen diese Bedingungen des Medienhandelns entfaltet und hinsichtlich ihrer Bedeutung für Erziehungs- und Bildungsaufgaben in der Grundschule besprochen werden. Die Überlegungen münden in Kapitel 6 in den Entwurf eines Konzepts für die Medienerziehung und Medienbildung ein. Bisherige Konzepte werden thematisiert und zu einem tragfähigen Konzept weitergeführt. Das entsprechende Konzept wird – mit Bezug auf die vorhergehenden handlungs- und entwicklungstheoretischen Überlegungen – hinsichtlich seiner Zielvorstellungen und Inhaltsbereiche sowie bezüglich zu bedenkender Formen und Bereiche der Mediennutzung sowie im Hinblick auf wünschenswerte Vorgehensweisen ausgefächert.

In Kapitel 7 und 8 sollen verschiedene nutzungs- und inhaltsbezogene Aufgabenfelder von Medienerziehung und Medienbildung und ihre Umsetzung in Unterrichtseinheiten und Projekte thematisiert werden. Dabei geht es zugleich um Konkretisierungen im Sinne eines erkundungs-, problem-, entscheidungs-, gestaltungs- und beurteilungsorientierten Vorgehens.

Da Medienerziehung und Medienbildung als fächerübergreifende Aufgaben der Grundschule gelten, sollen in Kapitel 9 Anregungen für die Entwicklung schulspezifischer medienpädagogischer Konzepte unter Beteiligung mehrerer Fächer gegeben werden. In der Fortführung sind in Kapitel 10 Überlegungen zur notwendigen medienpäd-

Einleitung

agogischen Kompetenz und zu Konsequenzen für die Aus- und Fortbildung von Lehrpersonen zu diskutieren.

Da die Grundschule in den meisten Bundesländern vier Jahre umfasst, ist das Buch schwerpunktmäßig an der vierjährigen Grundschule orientiert. Allerdings gelten die meisten Überlegungen gleichermaßen für die sechsjährige Grundschule. Gegebenenfalls können Beispiele, die für die Jahrgangsstufen drei und vier möglich sind, auch an die Bedingungen der Jahrgangsstufen fünf und sechs angepasst werden.

Mit dem inhaltlichen und formalen Aufbau werden wichtige Intentionen der Reihe »Grundschule heute« aufgenommen – geht es in der Reihe doch um drängende Zukunftsfragen, die sich aus der gesellschaftlichen Entwicklung und aus dem Wandel der kindlichen Lebenswelt für die Didaktik und Pädagogik der Grundschule sowie für die Professionalisierung von Grundschullehrkräften ergeben (vgl. das Vorwort der Herausgeberinnen). Dass solche Fragen u. a. mit der Mediatisierung und Digitalisierung und den damit verbundenen gesellschaftlichen Veränderungen verknüpft sind, wird sich in den Kapiteln des Buches immer wieder zeigen.

Das Buch ist sowohl für die Ausbildung von Grundschullehrkräften als auch für die Fortbildung gedacht und soll zur Auseinandersetzung mit den behandelten Themen anregen und dabei Hilfen geben. Darauf zielt auch der formale Aufbau des Buches. Jedes Kapitel beginnt mit einem Eingangsbeispiel. Von dort ausgehend werden jeweils grundlegende bzw. wichtige Inhalte behandelt. Am Ende jedes Kapitels finden sich »Hinweise für die Weiterarbeit«, die dazu anregen, das erworbene Wissen zu erproben, anzuwenden und/oder zu vertiefen. Insofern kann das Buch von Studierenden, Referendarinnen und Referendaren sowie Lehrkräften – falls sie möchten – auch als Arbeitsbuch genutzt werden.

Für Anregungen und Unterstützungen beim Schreiben des Buches danke ich zunächst Anna Marie Hauf-Tulodziecki, die mir stets eine wichtige Gesprächspartnerin war und mich bei den Korrekturlesungen unterstützt hat. Besonderer Dank gilt auch Susanne Klingelhöfer für die Durchsicht des Bandes und ihre äußerst hilfreiche Rückmeldung aus schulpraktischer Sicht. Darüber hinaus sage ich Silke Grafe und Bardo Herzig großen Dank. Mit ihnen stehe ich seit vielen Jahren in einem stets anregenden Austausch zu Fragen von Medienerziehung und Medienbildung. Des Weiteren bedanke ich mich sehr herzlich bei Sanna Pohlmann-Rother und Sarah Désirée Lange (als Herausgeberinnen der Reihe) für viele wertvolle Anregungen bei der Überarbeitung des Manuskripts. Auch Alexa Strittmatter sei (als Betreuerin vonseiten des Verlags) für die stets konstruktive Begleitung beim Schreiben dieses Buches vielmals gedankt.

Über Rückmeldungen zum Buch freue ich mich.

Paderborn, im März 2021
*Gerhard Tulodziecki*

# 1
# Medien im Tagesablauf von Grundschulkindern

Medien stellen einen bedeutsamen Bestandteil der Umwelt von Kindern dar. So verfügen Haushalte, in denen Kinder leben, in der Regel über eine beträchtliche Medienausstattung (vgl. mpfs 2019, S. 9). Auch Kinder selbst besitzen üblicherweise schon eine Reihe von Medien, die sie in unterschiedlichem Umfang und zu verschiedenen Tageszeiten nutzen (vgl. mpfs 2019, S. 10–20). Angesichts einer solchen Situation geht es in diesem Kapitel darum zu fragen, wie sich die Mediennutzung von Kindern vor dem Hintergrund der Medienlandschaft darstellt und welche – zunächst allgemeinen – Chancen und Risiken damit verbunden sind.

# 1 Medien im Tagesablauf von Grundschulkindern

Ausgangspunkt für entsprechende Überlegungen soll der mögliche Tagesablauf eines Grundschulkindes sein. Beispielsweise könnte der Tagesablauf dieses Kindes – hier Paul genannt – mit Blick auf vorliegende Ergebnisse zur Medienausstattung und Mediennutzung (vgl. mpfs 2019) folgendermaßen aussehen. Dabei ist der Tagesablauf nur als *ein* Beispiel zu verstehen – generell bestehen zwischen der jeweiligen Mediennutzung von Kindern mehr oder weniger große Unterschiede.

## 1.1 Beispiel: Pauls Tagesablauf

> Paul lebt mit seinen Eltern in einem Reihenhaus am Rande einer Großstadt. Er ist neun Jahre alt und hat eine vier Jahre ältere Schwester. Im Haushalt der Familie sind Fernsehgerät, Telefon, Smartphone, Radio, Internetzugang, Computer, Laptop, Tablet, Digitalkamera, CD- und DVD-Player, Spielkonsole, Bücher, Zeitschriften und eine Tageszeitung vorhanden. In seinem Kinderzimmer befinden sich eine Spielkonsole, ein CD-Player und Kinderbücher. Neuerdings besitzt er auch selbst ein Smartphone. Morgens lässt sich Paul in der Regel durch sein Smartphone mit seinem Lieblingston wecken. Wenn er zum Frühstück in die Küche kommt, hört die Mutter stets das Morgenmagazin im Radio. In der Küche sitzt üblicherweise schon die ältere Schwester, die beim Frühstück oft auf ihrem Smartphone nachschaut, ob ihre Freundinnen irgendwelche Nachrichten oder Bilder gesendet haben, wobei sie auf diese häufig sofort reagiert. Außerdem liegt auf dem Esstisch normalerweise die Tageszeitung, die der Vater durchgeblättert hat, bevor er zu Arbeit gegangen ist. Paul wirft meistens noch schnell einen Blick in den Sportteil der Zeitung.
> 
> Dann macht er sich auf den Schulweg. Dabei hört er des Öfteren über sein Smartphone Musik eines Audio-Streaming-Dienstes. Wenn er auf dem Schulweg Freunde trifft, unterhalten sie sich

## 1.1 Beispiel: Pauls Tagesablauf

immer wieder über Sportereignisse, aktuelle Konsolenspiele oder Videos. In der Schule wird in der Regel mit herkömmlichen Hilfsmitteln wie Tafel, Kreide und Lernmaterialien gearbeitet. Manchmal lässt die Klassenlehrerin aber auch Internetrecherchen durchführen oder die Kinder an einzelnen digitalen Übungsprogrammen arbeiten. Wenn Paul nach der Schule nach Hause kommt, schaut er sich hin und wieder auf seinem Smartphone einzelne lustige Videos an, von denen er in den Pausen gehört hat. Nach dem Essen setzt er sich normalerweise an seine Hausaufgaben. Diese erledigt er meistens in seinen Schulheften. Hin und wieder muss er auch ergänzend zum Unterricht kleinere Internetrecherchen ausführen. Dazu verwendet er den Computer seiner Mutter. Während er Hausaufgaben macht, läuft im Hintergrund fast immer Musik von seiner Lieblingsband auf dem CD-Player. Bei besonderen Anlässen, z. B. bei Geburtstagen der Großeltern, nutzt er auch die Möglichkeit der Videotelefonie.

Nachmittags verabredet er sich häufig per WhatsApp mit einigen Freunden. Dabei nimmt er zunehmend den Sprachassistenten in Anspruch. Ein beliebter Treffpunkt ist der nahegelegene Spiel- oder Bolzplatz. Bei den Treffen kommt es ab und zu vor, dass er mit dem einen oder anderen Freund ein Selfie oder ein anderes Foto macht. Wenn Paul zurückkehrt, sitzt seine Schwester häufig im Wohnzimmer vor dem Fernseher und schaut sich eine Vorabendserie an. Er guckt dann lieber Videos auf dem Tablet. Da die Eltern am Abend in der Regel Fernsehfilme oder andere Sendungen anschauen, die ihn weniger interessieren, hat er sich daran gewöhnt, nach dem Abendessen auf sein Zimmer zu gehen und an seiner Spielkonsole zu spielen. In seltenen Fällen greift er auch zu einem Kinderbuch in seinem Zimmer. Vor dem Schlafengehen schaltet er üblicherweise noch einmal den CD-Player ein, um bei Hintergrundmusik einzuschlafen.

Mit Blick auf eine solche Mediennutzung lässt sich u. a. fragen, welche Formen dabei zum Tragen kommen, in welchen Nutzungsbereichen sie erfolgt und welche Merkmale das Medienangebot bzw. die

Medienlandschaft aufweist. Vor diesem Hintergrund ergibt sich dann die Frage, welche Chancen und Risiken mit einer entsprechenden Mediennutzung gegebenenfalls verbunden sind.

## 1.2 Grundformen der Mediennutzung und Nutzungsbereiche

An dem obigen Beispiel werden verschiedene Formen der Mediennutzung von Kindern erkennbar. Als grundlegende Formen der Mediennutzung lassen sich zunächst die Rezeption und die Produktion unterscheiden. Eine rezeptive Nutzung ist dadurch gekennzeichnet, dass Kinder mediale Botschaften bewusst wahrnehmen – etwa wenn Paul Videos anschaut, Podcasts oder CDs hört, sich für die Sportnachrichten in der Zeitung interessiert oder in einem Kinderbuch liest. Eine produktive Mediennutzung liegt vor, wenn Kinder sich selbst in medialer Form äußern – etwa wenn sie Fotos oder Videos aufnehmen oder in der Schule Aufsätze schreiben. Streng genommen stellen auch schon eigene WhatsApp-Nachrichten in einem Chat oder die Auswahl einer Internetseite im Rahmen einer Recherche eine selbsttätige Aktion in medialer Form dar. Allerdings werden die letztgenannten Formen häufig nicht der produktiven Mediennutzung zugeordnet, sondern eher als interaktive Mediennutzung bezeichnet. Dabei kann die Interaktion auf den personalen Austausch (wie beim WhatsApp-Chat) oder auf ein Informatiksystem (wie bei der Internetrecherche) bezogen sein. Dementsprechend kann man auch von interaktiv-austauschbezogenen oder interaktiv-eingreifenden Nutzungsformen sprechen. Interaktiv-austauschbezogene Formen liegen – außer beim WhatsApp-Chat – beim Telefonieren mit oder ohne Video oder beim Agieren in sozialen Netzwerken (*social networks*) vor. Als interaktiv-eingreifende Nutzung ist z. B. für Paul und viele andere Kinder das computerbasierte Spiel bedeutsam.

## 1.2 Grundformen der Mediennutzung und Nutzungsbereiche

Daneben kann man noch interaktiv-partizipative Formen (etwa das Agieren in Blogs oder Wikis) und interaktiv-steuerungsorientierte Nutzungsformen (etwa bei *smart home*-Entwicklungen) nennen, die allerdings für Kinder bisher weniger wichtig sind. Insgesamt kommen die genannten Grundformen – Rezeption, Produktion und Interaktion mit ihren Varianten – in verschiedenen Nutzungsbereichen zur Geltung.

Im eingangs skizzierten Tagesablauf von Paul dient die Medienverwendung beispielsweise dazu, eine angenehme Stimmung zu erzeugen (z. B. durch Musik im Hintergrund), sich zu unterhalten (z. B. durch das Anschauen eines Videos), zu spielen (z. B. durch Nutzung eines Konsolenspiels), sich zu informieren (z. B. bei Internetrecherchen), etwas zu lernen (z. B. bei der Bearbeitung eines Übungsprogramms), mit anderen zu kommunizieren (z. B. durch WhatsApp-Nachrichten) oder sich selbst oder etwas anderes darzustellen (z. B. durch ein Foto von einer Aktion auf dem Spiel- oder Bolzplatz). Darüber hinaus können schon Kinder erfahren, dass sich Medien zur Analyse, zur Simulation, zur Inanspruchnahme von Dienstleistungen sowie zur Steuerung und Kontrolle verwenden lassen. Beispiele dafür sind: die Aufzeichnung eines Rollenspiels mit anschließender Analyse des praktizierten Kommunikationsverhaltens, die Nutzung eines Spiels, in dem die Besiedlung eines Gebietes simuliert wird, der Verkauf von nicht mehr benötigtem Spielzeug mithilfe der Eltern über eine Verkaufsplattform, die Steuerung der Heizung und die Kontrolle des Bewegungsverhaltens mithilfe eines Smartphones. Dabei können sich die Nutzungsbereiche überschneiden. Beispielsweise mag das abendliche Konsolenspiel von Paul neben dem Spielen auch der Unterhaltung (im Sinne der Vermeidung von Langeweile) und der Information darüber dienen, welche Spiele zurzeit bei den Freunden »in« sind.

Für alle Nutzungsbereiche haben sich die Möglichkeiten durch die zunehmende Durchdringung des Alltags mit Medien erheblich erweitert. Dabei stellt die Medienlandschaft den allgemeinen Raum für die Mediennutzung dar. Deshalb liegt ein kurzer Blick auf Merkmale des Medienangebots bzw. auf die Medienlandschaft nahe.

## 1.3 Merkmale der Medienlandschaft

Als Merkmale der Medienlandschaft lassen sich – ohne Anspruch auf Vollständigkeit – nennen: Vielzahl medialer Möglichkeiten und Medienkonvergenz, umfangreiche Inhaltspalette, vielfältige Gestaltungsoptionen, ökonomische Orientierung, Digitalisierung und digitale Infrastruktur. Diese Merkmale werden nachstehend in aller Kürze erläutert. Selbst wenn Kinder einzelne Merkmale kaum oder anders, vielleicht auch noch gar nicht direkt wahrnehmen, ist es doch wichtig, den »Raum« im Blick zu behalten, in dem sich erzieherische oder bildungsbezogene Maßnahmen letztlich bewähren müssen.

*Vielzahl medialer Möglichkeiten und Medienkonvergenz*: Die Medienlandschaft umfasst eine Fülle verschiedener Medienarten. Diese reichen von Printmedien (z. B. Comic und Buch) über auditive Medien (z. B. Telefon und Radio), visuelle Medien (z. B. Fotografie oder Overhead-Folie), audiovisuelle Medien (z. B. Video und Fernsehen) und interaktive Medien (z. B. Computerspiele und Internet) bis zu dreidimensionalen virtuellen Räumen. Die einzelnen Medienarten können über unterschiedliche Präsentationsmöglichkeiten oder Mediengeräte zugänglich sein, z. B. über bedrucktes Papier, Overhead-Projektor, Dokumentenkamera, CD- oder DVD-Player, Radiogerät, Fernsehgerät, Tablet, Laptop, Computer, Beamer, Spielkonsole, Smartphone oder 3D-Einrichtungen. Abgesehen von spezifischen Geräten für die Schule sowie Beamern und 3D-Einrichtungen befinden sich solche Mediengeräte in der Regel in Haushalten mit Kindern und manche auch in Kinderzimmern (vgl. mpfs 2019, S. 8–10). Die leichte Zugänglichkeit zu Medieninhalten oder medialen »Werkzeugen« wird außerdem durch das Zusammenwachsen verschiedener Medienarten begünstigt. So hat die Verknüpfung von Radio-, Fernseh- und Computertechnologie dazu geführt, dass unterschiedliche Zeichensysteme, z. B. Sprache und Bilder, sowie verschiedene Sinnesmodalitäten, z. B. akustische und optische Darbietungsformen, von *einer* Plattform aus bearbeitet und präsentiert werden können. Diese Entwicklung wird auch als *Medienkonvergenz* bezeichnet. Dabei lassen

## 1.3 Merkmale der Medienlandschaft

sich beispielsweise schriftliche Texte, Hörbeiträge, Bilder, Filme und Spiele in vielfältiger Weise nebeneinanderstellen oder kombinieren, wie es u. a. im Internet der Fall ist. Verbunden mit der Miniaturisierung der Hardware, hat die Medienkonvergenz dazu geführt, dass heute verschiedene Medienarten praktisch an jedem Ort und zu jeder Zeit zur Verfügung stehen. So kann man z. B. mit dem Smartphone u. a. telefonieren, chatten, recherchieren, fotografieren, Hörbeiträge empfangen, Videos anschauen oder Spiele nutzen. In der Regel ergeben sich so schon für Kinder vielfältige Zugänge zu medialen Möglichkeiten – wobei von den Eltern oder anderen erwachsenen Bezugspersonen allerdings Begrenzungen durch technische Filter oder Verbote bzw. Absprachen vorgenommen werden können (vgl. mpfs 2019, S. 71 f.).

*Umfangreiche Inhaltspalette der medialen Möglichkeiten:* Die Vielzahl medialer Möglichkeiten korrespondiert mit einer Fülle inhaltlicher Medienbotschaften. So lassen sich z. B. im Internet zu nahezu jedem Thema Beiträge finden, ob es nun um Alltag oder Glamour, um Arbeit oder Freizeit, um Ernährung oder Erziehung, um Umwelt oder Wirtschaft, um Kriege oder Katastrophen, um Kultur oder Politik geht. Sind die Themen bei den herkömmlichen Massenmedien nach wie vor insbesondere auf Information und Unterhaltung sowie auf Beratung und Bildung gerichtet, so hat sich durch die digitalen Entwicklungen zum einen die Inhaltspalette in diesen Nutzungsbereichen erweitert, zum anderen kommen Inhalte hinzu, die mit Bezug auf digitale Spiele, auf kommunikativen Austausch, auf Simulationen, auf die Abwicklung von Dienstleistungen oder auf mediale Steuerung und Kontrolle in den Blick geraten. Hinsichtlich des Aufgreifens von Themen können verschiedene Akteure tätig werden, beispielsweise etablierte Institutionen (z. B. Rundfunkanstalten oder politische Parteien), bestimmte Gruppierungen (z. B. extremistische oder sektiererische Verbünde), bekannte Personen (z. B. einzelne Politiker, Wissenschaftler oder Künstler), bisher unbekannte Leute (grundsätzlich jeder Einzelne) oder soziale Roboter (z. B. als virtuelle Chatpartner oder als Multiplikatoren für tendenziöse Botschaften). Die Vielzahl potenzieller Produzenten ist mit einer Vielfalt von Interessen und Inhalten verbunden. Diese können von einem ehrlichen Bemühen um faktengerechte Berichterstattung oder Aufklärung bis zu bewussten Manipulationen für eigene Zwecke und von prosozialen Darstellungen bis zu Gewalt- und Horrorszenarien reichen. Grundsätzlich ist das damit gegebene Inhaltsspektrum für alle Mediennutzer, d. h. sowohl für Kinder als auch für Jugendliche und Erwachsene zugänglich. Wenn es auch spezielle Angebote für Kinder gibt, z. B. Kinderbücher oder das Kinderprogramm im Fernsehen sowie bestimmte Suchmaschinen und Webseiten für Kinder, zeigen empirische Studien doch, dass Kinder nicht nur für sie gedachte Beiträge nutzen, sondern auch mediale Produkte aus dem allgemeinen Angebot, wobei sie unter Umständen mit problematischen Botschaften konfrontiert werden (vgl. mpfs 2019, S. 39–46 und S. 60–63).

*Vielfältige Gestaltungsoptionen*: Die Medienlandschaft stellt nicht nur ein umfangreiches inhaltliches Medienangebot bereit, sondern auch eine Vielfalt an Gestaltungen. So finden sich im Medienangebot aktuelle Berichte (z. B. Nachrichten), dokumentarische Beiträge (z. B. Dokumentarfilme oder Reisejournale), lexikalische Informationen (z. B. in Buchform oder in Wikipedia), fiktionale Darstellungen (z. B. Spielfilme oder Computerspiele), kommentierende Präsentationen (z. B. Zeitungskommentare oder Beiträge in einem Weblog), Werbung (z. B. Werbespots oder Produktplatzierungen) und Simulationen (z. B. zur Wetterlage, zur Entwicklung von Pandemien oder zu einem Flug in einem virtuellen Raum). Dabei können sich die verschiedenen Möglichkeiten der Gestaltung überschneiden, z. B. wenn in einem Beitrag bei Youtube eine Influencerin die Kommentierung von einzelnen Produkten mit Werbung vermischt, wenn Simulationen in fiktionalen Computerspielen zur Geltung kommen oder wenn in Filmen über bedeutsame Ereignisse dokumentarische und fiktionale Darstellungen ineinander übergehen. Hinzu kommt, dass optische Darstellungen unter Umständen nicht mehr auf fotografischen Abbildungen beruhen, sondern (nur noch) auf computergenerierten Figuren und Ereignissen. Angesichts des breiten Medienangebots spielt der »Kampf um Aufmerksamkeit« eine immer größere Rolle. Dies führt nicht zuletzt dazu, dass die Ausgestaltung einzelner

## 1.3 Merkmale der Medienlandschaft

medialer Formen unter Umständen durch starke Sinnesreizung akustischer oder visueller Art gekennzeichnet ist und zum Teil mit spektakulären Inhalten verbunden wird, z. B. mit Sensationen, Skandalen, Erotik, Gewalt und/oder Action. Entsprechende aufmerksamkeitserregende Effekte können mittlerweile durch dreidimensionale virtuelle Umgebungen (als *virtual reality*) noch verstärkt werden. Dabei führen die Vielzahl der Gestaltungsmöglichkeiten und ihre Vermischung dazu, dass notwendige Unterscheidungen immer schwieriger werden, z. B. zwischen faktengerechter Information und »fake news«, zwischen gut recherchierten Nachrichten und bloßer interessengebundener Verlautbarung, zwischen Aufklärung und Manipulation, zwischen Dokumentation und Inszenierung, zwischen Unterhaltung und Werbung, zwischen Wirklichkeit und Simulation, zwischen Realität und Fiktion.

*Ökonomische Orientierung*: Das, was im Rahmen der Medienlandschaft angeboten wird, zielt – sofern die Finanzierung nicht aus anderen Motiven geschieht – auf ökonomischen Gewinn. Dieser kann zum einen direkt erzielt werden, z. B. durch den Einzelverkauf medialer Produkte, durch Abonnements, durch Lizenzvergaben oder durch Gebühren für die Nutzung bestimmter Angebote, etwa des Bezahlfernsehens. Zum anderen kann sich der Gewinn in indirekter Weise ergeben, z. B. wenn mediale Angebote hohe Einschaltquoten erreichen und dadurch die Einnahmen der im Umfeld platzierten Werbung steigen oder wenn anfallende Daten gesammelt und verkauft werden. Eine gewisse Ausnahme bildet die Finanzierung öffentlich-rechtlicher Institutionen, z. B. der Rundfunkanstalten, deren finanzielle Grundlage durch Rundfunkgebühren gesichert ist. Aber auch dort spielen ökonomische Kriterien eine nicht zu unterschätzende Rolle, z. B. wenn mit Vorabendserien oder Sportübertragungen hohe Einschaltquoten angestrebt werden, um im Rahmen der erlaubten Werbezeiten möglichst viel Geld zu erwirtschaften, oder wenn erreichte oder angestrebte Einschaltquoten ins Verhältnis zum finanziellen Produktionsaufwand gesetzt werden. Insofern unterliegen auch öffentlich-rechtliche Produktionen Kosten-Nutzen-Erwägungen. Die wirtschaftliche Orientierung bei der Medienproduktion spiegelt sich auch auf der Ebene der Inhalte und Gestaltungsformen von Medien wider. So unterscheiden sich z. b. die Inhalte und die Gestaltung einer Kaufzeitung oder Boulevardzeitung deutlich von denen einer Abo-Zeitung, ebenso wie die Inhaltsauswahl und Machart von Programmen des Pay-TV im Vergleich zum öffentlich-rechtlichen Fernsehen. Wirtschaftliche Interessen sind außerdem bei vorhandenen Konzentrations- und Monopolisierungstendenzen im Medienbereich und dabei entstehenden Verflechtungen im Spiel, z. B. zwischen Printmedien, Fernsehen und Internet. Entsprechende Tendenzen gehen weit über den nationalen Rahmen hinaus und führen u. a. zu global agierenden Medienkonzernen. Dabei entsteht angesichts der zunehmenden Datafizierung und ihrer Nutzung, z. B. für Werbung, Produktentwicklung, Kontrolle, Wahlbeeinflussung und öffentliche Meinungsbildung, ein sogenannter »Datenkapitalismus« (vgl. Mayer-Schönberger u. Ramge 2017). Diese Entwicklung verweist zugleich auf ein weiteres Merkmal der Medienlandschaft: die Digitalisierung und digitale Infrastruktur.

*Digitalisierung und digitale Infrastruktur*: Gegenwärtige und zukünftige Entwicklungen im Medienbereich hängen wesentlich mit der Digitalisierung zusammen. Diese hat mittlerweile dazu geführt, dass das Mediensystem auf einer digitalen Infrastruktur basiert. Ursprünglich ist mit Digitalisierung ein technischer Prozess gemeint. Dieser ist zunächst dadurch gekennzeichnet, dass die in einer Nachricht oder Botschaft enthaltene Bedeutung bzw. Information in bedeutungsfreie Daten umgewandelt wird, z. B. mithilfe der binären Ziffern 0 und 1. So lässt sich beispielsweise das Wort »heute« als Folge von binären Ziffern darstellen, wenn jeder Buchstabe des Alphabets durch binäre Ziffern verschlüsselt wird. Dabei haben binäre Ziffern den Vorteil, dass sie physikalisch leicht darstellbar sind: 1 und 0 z. B. als zwei unterschiedliche elektrische Zustände (vgl. Knaus 2016, S. 101). Aufgrund ihrer physikalischen Darstellbarkeit lassen sich die Daten technisch verarbeiten und im Ergebnis wieder so als Zeichenmuster präsentieren, z. B. als schriftlicher Text oder als Bild, dass Nutzende ihnen wieder eine Bedeutung zumessen können. Aufgrund der Verarbeitung von Daten und durch begleitende Hardware- und

## 1.3 Merkmale der Medienlandschaft

Software-Entwicklungen hat die zunächst technische Digitalisierung eine große Bedeutung erlangt und zu Wandlungsprozessen in vielen gesellschaftlichen Bereichen, z. B. in Beruf und Wirtschaft, geführt. Dabei ist der Begriff der Digitalisierung auf alle gesellschaftlichen Wandlungsprozesse erweitert worden, die auf der Digitaltechnik beruhen – in diesem Zusammenhang auch auf Wandlungen der Medienlandschaft bzw. des Mediensystems (vgl. Knaus 2016, S. 103). Dort hat die Digitalisierung zu einem neuen Mediatisierungsschub geführt (vgl. Krotz 2016, S. 27). In diesem Kontext sind für das Mediensystem zugleich *Vernetzung, Sensorisierung, Datafizierung* und *Algorithmisierung* wichtig geworden (vgl. Gapski 2016, S. 22; Schelhowe 2007, S. 39–74; Tulodziecki, Herzig u. Grafe 2021, S. 19). Mit der Zeit gewinnt zusätzlich das *maschinelle Lernen* bzw. die *Künstliche Intelligenz* an Bedeutung (vgl. Knaus 2017, S. 44; Tulodziecki 2020a, S. 36–42).

*Vernetzung* bedeutet, dass Computer bzw. Informatiksysteme zunehmend weltweit verknüpft sind und so jederzeit auf global verfügbare Daten bzw. Wissensbestände und Unterhaltungsangebote sowie weitere mediale Möglichkeiten zugegriffen werden kann. Dies ist u. a. mit der Chance verbunden, eigene Positionen und mediale Beiträge global zu verbreiten. *Sensorisierung* meint, dass eine wachsende Zahl elektronischer Messgeräte über Sensoren immer größere Mengen von Daten aufnehmen, z. B. im Haushalt, im Verkehr, in der sonstigen Umwelt oder am menschlichen Körper. Diese lassen sich dann zur Speicherung sowie zur Verarbeitung und Auswertung an onlinebasierte Speicher- und Serverdienste bzw. Rechnernetzwerke senden und nach der Verarbeitung medial präsentieren (vgl. Bader 2016). Dabei entsteht ein »Internet der Dinge«, in dem technische Einrichtungen, z. B. Haushaltsgeräte oder Maschinen in einer Fabrik, untereinander oder mit Menschen kommunizieren. *Datafizierung* bezieht sich darauf, dass immer mehr Zustände oder Lebenssituationen verschiedener Art in quantitativer Form als Daten erfasst werden und für eine Verarbeitung durch Informatiksysteme zur Verfügung stehen. *Algorithmisierung* beschreibt den Prozess der Strukturierung von Vorgehensweisen zur Lösung von Problemen oder Aufgaben in kleine Teilschritte, sodass sie in programmierter Form maschinell bearbeitet werden können (vgl. Gapski 2016). Im Zusammenhang der Vernetzung, Sensorisierung, Datafizierung und Algorithmisierung können zum einen Menschen mit Computern über eine medial zu gestaltende Mensch-Computer-Schnittstelle interagieren (vgl. Knaus 2017, S. 27). Zum anderen ist es möglich, dass auch Informatiksysteme ohne menschliche Eingriffe untereinander kommunizieren. *Maschinelles Lernen* führt zusätzlich dazu, dass Informatiksysteme nicht nur vorhandene Daten nach vorgegebenen Algorithmen verarbeiten, sondern dass Lernalgorithmen entworfen und umgesetzt werden, die – in Analogie zu menschlichem Lernen – sich selbst weiterentwickeln und damit Fähigkeiten simulieren, die sonst nur dem Menschen vorbehalten waren, und z. B. lernen, Schach zu spielen, Gegenstände oder Personen zu erkennen oder Sprache zu verstehen und zu produzieren. Dabei ist es ein Ziel von Forschungen zur Künstlichen Intelligenz (KI), möglichst bessere Leistungen zu erzielen als der Mensch – was auch in einzelnen Bereichen schon gelungen ist, z. B. beim Schachspiel oder im medizinischen Bereich bei der Erkennung von Krebszellen. Zugleich bemüht sich die KI-Forschung, immer weitere Funktionen maschinell auszuführen und immer mehr intelligente Denk- und Handlungsvollzüge zu simulieren. In Medienzusammenhängen ist besonders wichtig, dass sich mithilfe Künstlicher Intelligenz Medienbeiträge maschinell erzeugen lassen, ohne dass dies für Nutzende erkennbar ist.

All dies legt es nahe, dass schon bei der Medienerziehung und Medienbildung in der Grundschule sowohl die inhaltliche und gestalterische Vielfalt medialer Möglichkeiten als auch ökonomische Interessen und die digitale Infrastruktur der Medienlandschaft zu thematisieren sind – wobei dies in altersgerechter Form geschehen muss. Bezüglich digitaler Grundlagen kann in diesem Band allerdings auf weitergehende Darstellungen verzichtet werden, weil diese im Rahmen der vorliegenden Reihe in einem eigenen Band zur informatischen Bildung zur Sprache kommen.

## 1.4 Allgemeine Chancen und Risiken der Mediennutzung

Die Medienlandschaft stellt mit ihren Merkmalen eine wichtige Bedingung für Erziehung und Bildung dar. Kinder begegnen ihrer Umwelt u. a. mit ihren Bedürfnissen nach Sinneserregung und Erkundung, nach Sicherheit und Orientierung, nach Zugehörigkeit und Liebe, nach Fantasieanregung und Wertschätzung, nach Wissen und Autonomie. Sie machen so Erfahrungen und verarbeiten diese auf der Basis ihres Kenntnis- und Entwicklungsstandes. Aus der Wechselbeziehung von Erfahrungsmöglichkeiten einerseits und kindlichen Bedürfnissen sowie Verarbeitungsmöglichkeiten andererseits ergeben sich sowohl Chancen als auch Risiken. Für die Beantwortung der Frage, ob Chancen genutzt werden und Risiken zum Tragen kommen, ist darüber hinaus das jeweilige soziale Umfeld wichtig.

Vor diesem Hintergrund sollen zunächst einige allgemeine Chancen und Risiken der Mediennutzung in der gebotenen Kürze angesprochen werden (vgl. zu entsprechenden Forschungsergebnissen z. B. Schaumburg u. Prasse 2019, S. 52–103). Dabei richtet sich der Blick auf Aspekte, die für Erziehung und Bildung besonders bedeutsam sind: Wahrnehmung von Welt, Umgang mit Informationen, Regulierung von Emotionen, Gestaltung von sozialen Beziehungen, Formen des Lernens, Entwicklung des Denkens, Erwerb von Verhaltens- und Wertorientierungen (vgl. Tulodziecki, Herzig u. Grafe 2021, S. 24–28).

*Wahrnehmung von Welt:* In der Medienlandschaft stellt sich die Welt den Kindern in einer vielfältigen Zeichensprache dar, z. B. in ruhenden und bewegten Bildern, in Hörbeiträgen oder in schriftlichen Texten, im Rahmen akustischer Räume sowie in zweidimensionalen oder dreidimensionalen Darstellungen und Simulationen. Mit dem Ringen um Aufmerksamkeit geht eine Verstärkung der Sinnesreizung in optischer und akustischer Hinsicht einher. So erscheint die Welt als ein schillerndes, die Sinne und gegebenenfalls auch das Denken anregendes Gebilde mit zahlreichen Möglichkeiten der Information, der Kommunikation und der Unterhaltung – sei es bei der Rezeption medialer Botschaften, sei es beim Agieren in sozialen Netzwerken oder in virtuellen Welten. Dabei besteht die Gefahr, dass Seh- und Hörsinn überreizt werden und nur noch starke Reize Aufmerksamkeit erregen. Unter Umständen geschieht die Aufmerksamkeitslenkung dann vorwiegend durch Sinnesreizung und weniger durch bedeutsame Inhalte. Insgesamt scheint die Präsentationsform gegenüber den Inhalten immer wichtiger zu werden – im Extremfall bis zum »Verschwinden der Inhalte« hinter der Form.

*Umgang mit Informationen:* Die Medienlandschaft schafft mit ihrer Fülle an Informationen über die physische und soziale Umwelt die Möglichkeit von Erfahrungen und des Wissenserwerbs über den sozialen Nahraum hinaus. In diesem Zusammenhang kann das einzelne Kind sowohl als Rezipient als auch als Produzent bedeutsamer Informationen in Erscheinung treten. Allerdings ergibt sich unter Umständen das Problem, dass die Informationsfülle zu kognitiven Überforderungen und zur Abwendung von wichtigen Fragen führt. Zudem machen es interessengeleitete Verlautbarungen, vielfältige Werbung, bewusste Falschmeldungen sowie das umfangreiche Spiel- und Unterhaltungsangebot unter Umständen schwer, irreführende Vorstellungen über die Realität zu vermeiden und Sachverhalte realitätsgerecht einzuschätzen. Außerdem kann die ständige Verfügbarkeit von Informationen zu der Annahme verführen, Wissenszugang könne die Aneignung von Wissen ersetzen (vgl. Vorderer u. Klimmt 2016, S. 33). Eine solche Auffassung hätte auf Dauer negative Folgen für die Motivation, eigenes Wissen zu erwerben, sowie für die Fähigkeit, das Informationspotenzial der Medien angemessen zu nutzen. Diese Fähigkeit setzt eine solide Wissensbasis voraus. Anders gesagt: Kinder, die über ein bestimmtes Wissen verfügen, haben bessere Chancen, in dem jeweiligen Bereich geeignete Informationen zu finden.

*Regulierung von Emotionen:* Bei der Mediennutzung entstehen – beispielsweise durch beruhigende oder anregende Musik, durch romantische oder dramatische Spielfilme, durch Comedys oder Actionszenen, durch Gewalt- oder Horrordarstellungen, durch posi-

## 1.4 Allgemeine Chancen und Risiken der Mediennutzung

tive oder schockierende Nachrichten – mehr oder weniger starke emotionale Eindrücke oder Stimmungen, z. B. Freude, Spaß, Vergnügen, Mitleid, Entsetzen, Furcht, Schrecken, Ekel, Sympathie, Zorn, Wut und Erleichterung. Solche Emotionen können sowohl bei der Rezeption von Medieninhalten als auch beim Interagieren in virtuellen Welten hervorgerufen werden. Demgemäß lassen sich beide Nutzungsformen – gegebenenfalls auch bewusst – zur Sinneserregung und Beseitigung von Langeweile, zur Spannungserzeugung und Entspannung, zum Stress- und Aggressionsabbau nutzen. In der Folge können sie aber auch zu Ängsten oder Machtfantasien sowie zu Sensationslust und Voyeurismus führen. Darüber hinaus besteht die Gefahr, dass eine Gewöhnung an die Beobachterperspektive bei erschreckenden Ereignissen geschieht und eine »Flucht in Scheinwelten« im Sinne von Eskapismus begünstigt wird.

*Gestaltung von sozialen Beziehungen*: Soziale Netzwerke und Instant-Messaging-Dienste sowie E-Mail, Videochat und Telefonie bieten mannigfaltige und einfache Möglichkeiten der Kommunikation. So ist es leicht, mit anderen in Kontakt zu treten oder in Verbindung zu bleiben. Dies kann sich im Austausch zwischen einzelnen Kindern oder in unterschiedlichen Gruppen vollziehen und sowohl familiäre und freundschaftliche als auch lernbezogene Beziehungen erhalten und fördern. Unter Umständen ergibt sich allerdings die Gefahr, dass zunehmend räumliche Nähe durch elektronische Erreichbarkeit, Vertrauen durch Überwachung, Zuverlässigkeit durch Unverbindlichkeit, Gespräche durch kurze Bemerkungen, Freundschaft durch *Followers* und Wertschätzung durch reaktive Aufmerksamkeit ersetzt werden (vgl. Vorderer u. Klimmt 2016, S. 33). Probleme können zudem entstehen, wenn die Möglichkeiten des Netzes zu überzogenen Selbstdarstellungen, zur Bloßstellung von Anderen bzw. zu Mobbing oder zur Kontaktaufnahme unter falscher »Identität« führen.

*Formen des Lernens*: Aufgrund des vielfältigen und umfangreichen Inhaltsspektrums in unterschiedlichen Medien – vom Buch über dokumentarische und lernförderliche Bilder und Videos oder Hörbeiträge bis zu informativen Webseiten und Simulationen – eröffnen die Medien zahlreiche Chancen für neue Formen des Lernens, z. B. für ein zeit- und ortsunabhängiges, für ein entdeckendes und kooperatives, für ein selbstgesteuertes und selbstverantwortetes Lernen. Zugleich werden sinnvolle Abstimmungen zwischen individuellen und sozialen Lernphasen möglich. Allerdings besteht die Gefahr, dass die Bedeutung des direkten personalen Kontakts beim Lernen und die soziale Einbettung von Lernprozessen nicht hinreichend berücksichtigt bzw. insgesamt unterschätzt werden. Außerdem setzt die Wahrnehmung der mannigfaltigen Lernmöglichkeiten die Motivation zum Lernen und die Fähigkeit voraus, sein Lernen – mindestens bis zu einem gewissen Grad – selbst zu organisieren. Solche Voraussetzungen sind bei benachteiligten Gruppen häufig nicht gegeben, sodass sich unter Umständen die Kluft zwischen privilegierten und benachteiligten Bevölkerungssegmenten vergrößert.

*Entwicklung des Denkens*: Medien bieten nicht nur vielfältige Informationen, sondern auch unterschiedliche Denkanstöße zu bedeutsamen und gegebenenfalls strittigen Fragen von Alltag und Freizeit, von Wissenschaft und Kunst, von Wirtschaft und Gesellschaft. Solche Fragen können grundsätzlich aus lokaler, regionaler oder globaler, aus ökologischer, ökonomischer oder sozialer Perspektive bearbeitet werden. Eigene Medienbeiträge lassen sich mit persönlichen Akzentuierungen einbringen und verbreiten. Die Berücksichtigung unterschiedlicher Sichtweisen bei der Rezeption und eigenen Gestaltung von Medienbeiträgen kann ein mehrdimensionales Denken sowie eine offene Atmosphäre und Toleranz fördern. Allerdings ist auch mit der Gefahr zu rechnen, dass die Vielfalt von Sichtweisen eine für Kinder zu hohe Komplexität erzeugt, sodass möglicherweise eine Verfestigung einfacher Denkmuster erfolgt. Solche Vereinfachungen werden dann unter Umständen noch durch gezielte Manipulation stabilisiert. Außerdem kann die inhaltliche Vielfalt an Informationen bei Recherchen von vornherein durch algorithmische Verfahren auf der Basis einer Analyse der bisherigen Nutzung von Medienbeiträgen maschinell begrenzt werden (*filter bubble*), so dass gegebenenfalls eine mehrperspektivische Auseinandersetzung erschwert wird.

*Erwerb von Verhaltens- und Wertorientierungen*: Für viele Situationen des Alltagslebens präsentieren Medien mannigfaltige Verhaltensmuster und Wertorientierungen, z. B. für das Leben in Familien oder Freundesgruppen, für das Ernährungs- und Umweltverhalten, für die Gestaltung der Freizeit, für das Verhalten in Konfliktfällen, für das Vorgehen bei Problemlösungen oder für den Umgang mit Behinderungen oder Benachteiligungen. Die präsentierten Verhaltensmuster und Wertorientierungen können z. b. durch Egozentrismus oder Rücksichtnahme, durch Achtsamkeit oder Ignoranz, durch Respekt oder Missachtung, durch Verständigungsorientierung oder Machtausübung, durch friedvolles Miteinander oder aggressives Vorgehen, durch Ungerechtigkeit oder Gerechtigkeit, durch verantwortungsloses oder verantwortungsbewusstes Handeln gekennzeichnet sein. Welche solcher Verhaltensorientierungen von Kindern gegebenenfalls erprobt und übernommen werden, hängt zum einen mit ihren Bedürfnissen, ihren sonstigen Erfahrungen und ihren kognitiven Voraussetzungen und zum anderen mit den rezipierten Medieninhalten und Mediengestaltungen sowie mit dem sozialen Umfeld zusammen. Dabei wird es zunehmend wichtig, dass Kinder zwischen dem Agieren in normfreien virtuellen Räumen und dem Handeln in der sozialen Realität zu unterscheiden lernen. Insgesamt können sich – je nach gegebenen Voraussetzungen und Bedingungen – pädagogisch wünschenswerte oder unerwünschte Wertorientierungen bzw. förderliche oder problematische Verhaltensmuster entwickeln.

## 1.5 Bedeutung für Erziehung und grundlegende Bildung

Die aufgezeigten Chancen und Risiken der Mediennutzung stellen für Kinder eine Hilfe oder eine Behinderung bei der Bewältigung ihrer Entwicklungsaufgaben dar. Zu solchen Entwicklungsaufgaben gehören z. B. die Aneignung der kognitiven und psychomotorischen Voraussetzungen für die Ausführung alltäglich anfallender Tätigkeiten, der Aufbau einer positiven Einstellung zum körperlichen Wachstum, der Erwerb von Fähigkeiten zur Regulierung von spontanen Bedürfnissen, die Entwicklung eines angemessenen Verhaltens in Familie und Gleichaltrigengruppe, der Aufbau von Freundschaften, die Entwicklung von Motivationen und Fähigkeiten sowie Fertigkeiten zur Bewältigung schulischer Anforderungen, erste Auseinandersetzungen mit Rollenerwartungen an Mädchen und Jungen und das Erlernen eines angemessenen Umgangs mit der Geschlechterrolle sowie die Entwicklung von Wertvorstellungen.

Für all diese Entwicklungsaufgaben bieten Medien unterschiedliche Orientierungen. Dabei kommt es darauf an, entsprechende Angebote für eine Förderung der Persönlichkeit im Rahmen eines sozial angemessenen Verhaltens wirksam werden zu lassen und gleichzeitig Gefährdungen zu vermeiden. Dies ist umso wichtiger, als sich ein förderlicher Umgang mit Medien keineswegs bei der Mediennutzung von selbst ergibt, sondern der Anleitung, der Anregung und der Unterstützung durch pädagogische Maßnahmen bedarf. In diesem Sinne entsprechen Medienerziehung und Medienbildung einer wichtigen Anforderung an die Grundschule: der Erschließung der Lebenswirklichkeit der Kinder und der Unterstützung bei der Bewältigung von Lebensaufgaben (vgl. Schorch 2005, S. 42). Erzieherische und bildungsbezogene Einflussnahmen stehen dabei im Rahmen einer grundlegenden Bildung als zentraler Aufgabe der Grundschule (vgl. Jung 2021, S. 57–59; Irion 2020, S. 59–63). In diesem Kontext sollen Medienerziehung und Medienbildung auf Einstellungen, Wissen und Können zielen, die es Kindern ermöglichen, die Chance, die in den medialen Möglichkeiten liegen, wahrzunehmen und Risiken zu vermeiden.

> **Hinweise für die Weiterarbeit**
> Sehen Sie sich nun bitte den eingangs skizzierten Tagesablauf von Paul noch einmal an. Überlegen Sie – mit besonderem Bezug auf die Abschnitte 1.4 und 1.5 –, welche Chancen und Risiken mit der Mediennutzung von Paul verbunden sein können. Gehen Sie

## 1.5 Bedeutung für Erziehung und grundlegende Bildung

> darüber hinaus Sie in einer ersten Einschätzung der Frage nach, welche Einstellungen, welches Wissen und welche Fähigkeiten bei Paul wünschenswert wären, damit Chancen wahrgenommen und Risiken vermieden werden. Es geht hierbei nicht um einen umfassenden Katalog, sondern vor allem darum, erste Ideen zu der Frage zu sammeln, auf welche Grundlagen Medienerziehung und Medienbildung zielen sollten.

Entsprechende Grundlagen zu schaffen wird immer wieder Thema der folgenden Kapitel sein.

Informationen darüber, wie sich der Medienbesitz und die Mediennutzung sowie die Einstellung von Eltern zu einzelnen medienerzieherisch relevanten Fragen in unserer Gesellschaft insgesamt darstellen, finden Sie in der jeweils aktuellen Fassung der Kinder-Medien-Studie (KIM-Studie) des Medienpädagogischen Forschungsverbundes Südwest: https://www.mpfs.de/studien/.

# 2

# Bedingungen des Medienhandelns von Kindern

Das Medienhandeln von Kindern steht – wie Medienhandeln generell – im Kontext unterschiedlicher Bedingungen. In diesem Kapitel geht es zunächst darum, solche Bedingungen im Überblick aufzuzeigen. Des Weiteren wird die Frage angesprochen, welche Bedeutung diese Bedingungen für die medienerzieherische Begleitung von Kindern und für eine grundlegende Bildung haben.

Ausgangspunkt soll eine Situation sein, wie sie sich im Alltag eines Grundschulkindes – hier Mila genannt – abspielen könnte. Hintergrund dafür ist die Tatsache, dass mittlerweile ein großer Teil der Kinder über ein eigenes Smartphone verfügt. Außer für die Kommunikation mit Eltern oder Gleichaltrigen nutzen sie dieses gerne zum

Anschauen von Fotos und Videos oder zum Spielen (vgl. mpfs 2019, S. 17). Dabei machen sich manche Eltern Sorgen, dass ihre Kinder zu viel Zeit mit ihrem Smartphone verbringen (mpfs 2019, S. 66). Insofern kann man sich z. B. folgende Situation im Alltag eines Grundschulkindes vorstellen.

## 2.1 Beispiel: Mila und ihr Smartphone

Mila wünscht sich schon länger ein eigenes Smartphone, wie es auch viele ihrer Freundinnen besitzen. Die Eltern zögern, weil sie befürchten, dass ihre neunjährige Tochter dann zu viel Zeit mit dem Anschauen von Videos und mit Spielen verbringen könnte. Erst als Mila verspricht, dass sie nur eine begrenzte Zeit für Videos oder Spiele verwenden wird, willigen die Eltern ein und schenken ihr ein eigenes Smartphone. Dabei einigen sie sich darauf, dass Mila das Smartphone maximal 60 Minuten pro Tag verwenden darf. Kurze Zeit darauf hat Mila an einem frühen Nachmittag eine Reihe lustiger Sketche angeschaut und auch noch ein kleines Spiel genutzt. Damit hat sie die vereinbarte Zeit voll ausgeschöpft. Am späteren Nachmittag trifft sie sich mit ihrer Freundin Hanna, die selbst noch kein Smartphone besitzt, aber von anderen Freundinnen gehört hat, dass die von einer Youtuberin total begeistert sind. Hanna möchte nun unbedingt einige Videos von dieser Youtuberin anschauen und erwartet selbstverständlich, dass Mila die Videos mit ihr gemeinsam ansieht. Mila zögert jedoch und überlegt, wie sie sich verhalten soll.

Im Hinblick auf Situationen solcher oder ähnlicher Art stellt sich die Frage, mit welchen Bedingungen es zusammenhängt, ob Mila einwilligt oder zu ihrem Versprechen gegenüber den Eltern steht.

## 2.2 Bedingungen des Medienhandelns

Zunächst lässt sich aus dem Beispiel schlussfolgern, dass das Medienhandeln mit der *Lebenssituation* von Mila und *situativen Anforderungen* verbunden ist. So ist ihre Lage u. a. dadurch gekennzeichnet, dass Medien und ihre Nutzung ein wichtiger Bestandteil der Lebenswelt vieler Kinder sind. In diesem Zusammenhang haben es die ökonomischen Verhältnisse der Familie offenbar erlaubt, dass die Eltern ihrer Tochter ein Smartphone schenken konnten. Des Weiteren ist für die Situation von Mila bedeutsam, dass sich die Eltern um die Mediennutzung ihrer Tochter kümmern und dass es ihnen keineswegs gleichgültig ist, in welchem Umfang Mila ihr Smartphone nutzt. Wäre Letzteres nicht der Fall, entstände für Mila gar nicht die Anforderung, sich zwischen dem Wunsch der Freundin und den Erwartungen der Eltern entscheiden zu müssen. Außerdem hängt die Anforderung damit zusammen, dass Hanna (noch) kein Smartphone besitzt und von ihren Freundinnen weiß, dass sie für eine bestimmte Youtuberin schwärmen. Schließlich ist für das Medienhandeln in diesem konkreten Fall wichtig, welchen Stellenwert die Freundschaft mit Hanna für Mila hat. Je größer der Stellenwert der Freundschaft ist, umso eher wird Mila geneigt sein, dem Wunsch der Freundin zu entsprechen.

Ausgehend von solchen situativen Aspekten kann man annehmen, dass durch die gegebene Anforderung bestimmte *Bedürfnisse* bei Mila geweckt werden. So kann z. B. durch den Hinweis von Hanna die eigene Neugier auf die Videos der beliebten Youtuberin angesprochen werden. Zugleich wird Mila vermutlich sowohl vermeiden wollen, dass die Beziehung zu ihrer Freundin durch eine mögliche Ablehnung Schaden nimmt, als auch, dass das Vertrauensverhältnis zu den Eltern gestört wird. Insofern käme das Bedürfnis nach Sicherheit in der Beziehung zur Freundin einerseits und zu den Eltern andererseits ins Spiel. Außerdem könnte durch die Situation das Zugehörigkeitsbedürfnis angeregt werden, insbesondere wenn Mila weder die Freundin noch die Eltern enttäuschen möchte. Die in einem solchen Prozess angeregten Bedürfnisse sind mit dem Empfinden verbunden, sie

## 2.2 Bedingungen des Medienhandelns

gegebenenfalls befriedigen oder nicht befriedigen zu können. Dies ruft bestimmte Gefühle hervor. So könnte z. B. die Sorge, entweder Hanna oder die Eltern enttäuschen zu müssen, bei Mila zu unangenehmen Emotionen führen.

Des Weiteren entsteht beim Medienhandeln von Mila ein Bezug zu ihrem *Erfahrungs- und Wissensstand*. Je nach bisheriger Erfahrung kann Mila möglicherweise einschätzen, wie ihre Freundin bei Ablehnung des Wunsches nach Anschauen der Videos reagiert oder was sie von ihren Eltern zu erwarten hat, wenn diese mitbekommen, dass sie sich nicht an die Zeitbegrenzung gehalten hat. Darüber hinaus könnte ihr ins Bewusstsein kommen, wie sie sich selbst in früheren Fällen – wenn es denn solche gab – gefühlt hat, wenn sie eine Abmachung verletzt hat. Darüber hinaus mag sie aufgrund vorhergehender Erfahrung wissen, wie man sich in entsprechenden Fällen (noch) verhalten kann, dass z. B. die Möglichkeit besteht, der Freundin die Situation zu erläutern und den Vorschlag zu machen, nicht direkt, sondern erst am nächsten Tag die Videos anzuschauen, sodass sie sich die notwendige Smartphone-Zeit dafür aufbewahren könnte.

Mit den obigen Überlegungen deutet sich bereits an, dass die Entscheidung und das Handeln von Mila nicht nur mit situativen Bedingungen und Bedürfnissen sowie Erfahrungen und Wissen zusammenhängt, sondern auch mit ihren intellektuellen Gewohnheiten oder *Arten des Denkens*. Insbesondere ist wichtig, wie viele Handlungsmöglichkeiten Mila bereit und in der Lage ist einzubeziehen. So könnte sie z. B. in Konfliktfällen dazu neigen, sich sehr schnell auf eine Lösung festzulegen, ohne Handlungsalternativen zu bedenken, z. B. sofortige Übernahme oder Ablehnung des Wunsches von Hanna. Sie könnte aber auch sorgfältig zwischen diesen Alternativen abwägen und gegebenenfalls noch die Möglichkeit bedenken, sich im Gespräch mit der Freundin auf eine andere Alternative zu verständigen.

Im Zusammenhang mit den Arten des Denkens kann die Handlungsentscheidung von Mila durch ihre *sozial-moralischen Orientierungen* beeinflusst werden. Wenn Mila z. B. nur daran denkt, bei ihrer Entscheidung Schwierigkeiten für sich selbst zu vermeiden – sei es vonseiten ihrer Freundin, sei es vonseiten ihrer Eltern – wird sie geneigt sein, die Handlung zu wählen, die möglichst wenig Schwierigkeiten bringt. Wenn sie dagegen nicht nur ihre eigenen Bedürfnisse im Blick hat, sondern auch die Interessen von Beteiligten, z. b. die Interessen der Freundin und der Eltern, wird sie eher eine Lösung suchen, die möglichst sowohl ihren eigenen Interessen als auch den Interessen der Beteiligten gerecht wird. So könnte der Blick z. B. darauf gerichtet werden, die Videos erst an einem späteren Tag anzuschauen. Unter Umständen wäre Mila auch bereit, ihre eigenen Bedürfnisse und Interessen gegenüber den Erwartungen der Freundin oder der Eltern zurückzustellen. In diesem Fall wäre es für sie bedeutsam einzuschätzen, ob ihr die Erwartungen der Freundin oder der Eltern wichtiger sind oder wie sie – ohne Rücksicht auf eigene Schwierigkeiten – am ehesten den Erwartungen entsprechen kann. Solche sozial-moralischen Orientierungen lassen sich als unterschiedliche sozial-moralische Urteilsformen auffassen. Diese sind mit bestimmten Wertorientierungen verbunden. Im Fall von Mila können sie sich z. B. auf Werte wie Vertrauen, Loyalität oder Ehrlichkeit beziehen.

Die obigen Überlegungen verweisen darauf, dass Handeln mit einer Entscheidung für eine Handlungsmöglichkeit und deren Ausführung nicht abgeschlossen ist. Vielmehr verschafft die Handlung eine weitere Erfahrung, die emotional und gedanklich verarbeitet wird. Beispielsweise könnte Mila bei einer spontanen Zustimmung zum Wunsch von Hanna einerseits zwar ihr Bedürfnis nach Sicherheit in der Beziehung zu ihrer Freundin befriedigen und dabei positive Emotionen empfinden, andererseits aber ein »schlechtes Gewissen« mit unangenehmen Gefühlen bekommen, weil sie gegen die Abmachung mit den Eltern verstoßen hat. Beides könnte ihr bisheriges Wissen ergänzen. Zugleich ist denkbar, dass die Erfahrung eines »schlechten Gewissens« dazu anregt, beim nächsten Mal weitere Handlungsmöglichkeiten in ihr Denken einzubeziehen und bei der Bewertung nicht nur eigene Interessen und die Interessen der Freundin zu beachten, sondern auch die Erwartung der Eltern stärker zu berücksichtigen. Insofern könnte die gemachte Erfahrung zu einer Anregung hinsichtlich einer Weiterentwicklung des Denkens und des sozial-moralischen Urteilens führen.

## 2.3 Modellvorstellung von menschlichem Handeln

Für das Medienhandeln erweisen sich – wie die obige Analyse des Beispielfalls gezeigt hat – verschiedene Faktoren oder Bedingungen als bedeutsam: situative Gegebenheiten und die allgemeine Lebenssituation, Bedürfnisse und damit verbundene Emotionen, Erfahrungen und Wissen sowie Arten des Denkens in intellektueller Hinsicht und sozial-moralische Urteilsformen oder Wertvorstellungen. Diese Bedingungen sind nicht nur für das Medienhandeln, sondern für Prozesse des Handelns überhaupt wichtig. Dabei gilt in der Regel Folgendes: Im Rahmen der *Lebenssituation* werden durch *situative Anforderungen* bestimmte *Bedürfnisse* angeregt. In der Wechselbeziehung von Situation und Bedürfnislage und damit verbundenen Emotionen entsteht ein *Spannungszustand*, der *Entscheidungen* verlangt. Dabei kommen zunächst *Erfahrungen und Wissen* ins Bewusstsein, die üblicherweise auf verschiedene *Handlungsmöglichkeiten* und ihre möglichen Folgen verweisen. Wie viele davon in eine Erwägung einbezogen werden, ist von der *Intellektuellen Art des Denkens* abhängig. Für die Entscheidung und die gewählte Handlungsmöglichkeit selbst spielen dann *sozial-moralische Urteilsformen oder Wertorientierungen* eine wichtige Rolle. Zudem gilt: Eine gewählte Handlungsmöglichkeit kann zu positiven Konsequenzen führen, zum Beispiel zur Befriedigung angeregter Bedürfnisse bzw. zum Erreichen wünschenswerter Zustände; sie kann aber auch Enttäuschungen, Frustrationen oder Konflikte mit anderen oder mit eigenen sozialen bzw. wertbezogenen Orientierungen zur Folge haben. Die jeweiligen *Konsequenzen* und ihre *Verarbeitung* sind bedeutsam für die Wahrscheinlichkeit, mit der zukünftig in vergleichbaren Situationen gehandelt wird.

In Abbildung 2.1 ist die entsprechende Modellvorstellung von menschlichem Handeln grafisch zusammengefasst (vgl. auch Tulodziecki 1997, S. 119).

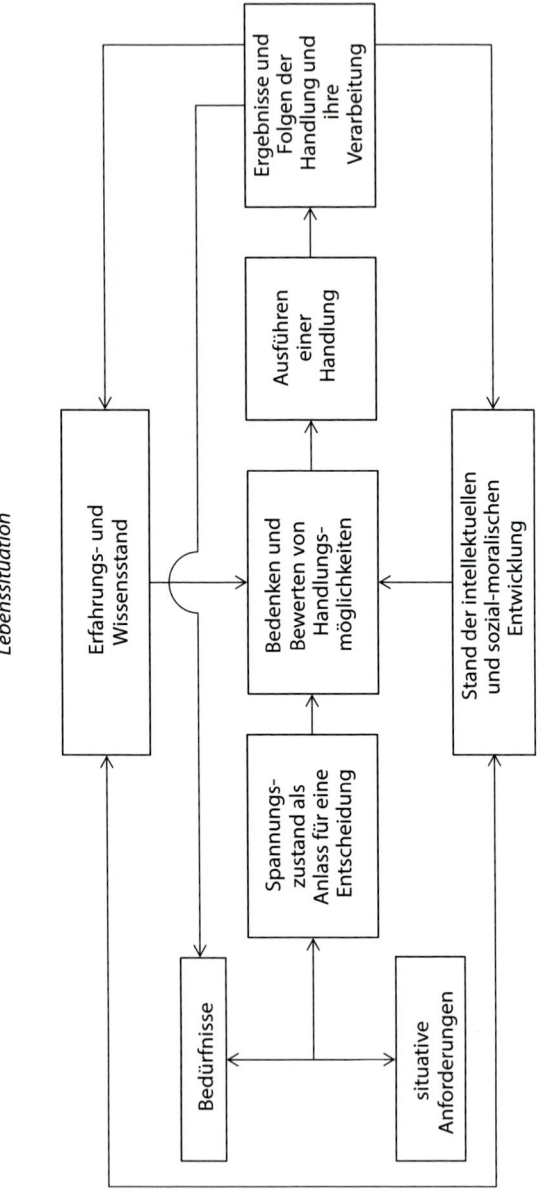

**Abb. 2.1:** Modellvorstellung von menschlichem Handeln (vgl. Tulodziecki, Herzig u. Grafe 2021, S. 53)

Mit Abbildung 2.1 und den obigen Überlegungen ist zugleich der Begriff des Medienhandelns erläutert, der diesem Band zugrunde liegt: Mit Medienhandeln ist eine situations- und/oder bedürfnisbezogene Aktivität mit Medienbezügen gemeint, die bewusst durchgeführt wird, um einen als bedeutsam empfundenen Zustand zu erreichen. Dabei verweist der Situationsbezug auf soziale bzw. umweltbezogene Komponenten und der Bedürfnisbezug auf affektiv-motivationale bzw. emotionale Aspekte des Handelns. Mit dem Merkmal der bewussten Durchführung werden kognitive Komponenten beim Medienhandeln angesprochen und mit dem Hinweis, dass ein als bedeutsam empfundener Zustand angestrebt wird, kommt in den Blick, dass dem Handeln bestimmte Absichten, Ziele oder Wünsche zugrunde liegen können. Dabei sind die Handlungsbedingungen nicht als isolierte Einflussfaktoren zu betrachten, sondern – wie auch die obigen Ausführungen zu den einzelnen Bedingungen zeigen – als Aspekte, die miteinander in Wechselbeziehungen stehen.

Ergänzend sei erwähnt, dass mit diesem Handlungsverständnis eine bestimmte Auffassung vertreten wird, die in handlungstheoretischer Sicht interdisziplinäre Überlegungen erfordert. Damit ist der Versuch verbunden, der Komplexität des Handelns gerecht zu werden und eine einseitige Sicht auf das Handeln zu vermeiden, wie sie u. a. bei vorwiegend psychologischen, philosophischen, soziologischen oder ökonomischen Handlungstheorien zu finden ist (vgl. zur Übersicht z. B. Kühler u. Rüther 2016).

## 2.4 Bedeutung für die medienerzieherische Begleitung von Kindern

Im ersten Kapitel wurde ausgeführt, dass es bei der medienerzieherischen Begleitung von Kindern darauf ankommt, die Bereitschaft zu wecken und die Fähigkeit grundzulegen, Medien in einer Weise zu nutzen, dass Chancen wahrgenommen und Risiken für die Persönlichkeitsentwicklung vermieden werden. Betrachtet man unter diesem Gesichtspunkt noch einmal das Eingangsbeispiel, so kann man die Abmachung der Eltern mit Mila als medienerzieherische Maßnahme verstehen, durch die mögliche Risiken der Mediennutzung vermieden werden sollen. Dabei mag bei den Eltern die Absicht eine Rolle gespielt haben, mit der Zeitbegrenzung zu verhindern, dass Mila zu viel Zeit für andere – und aus der Sicht der Eltern wichtigere – Aktivitäten verliert oder auf Inhalte stößt, die nicht förderlich für ihre Entwicklung sind. Welche Gründe für die Zeitbegrenzung bei den Eltern auch ausschlaggebend waren – solche medienerzieherischen Maßnahmen sollten letztlich darauf zielen, dass Kinder zu einer eigenständigen und reflektierten Mediennutzung gelangen. Um dieses längerfristige Ziel zu erreichen, ist es wichtig, auch bei singulären Maßnahmen den lebensweltlichen Kontext im Blick zu behalten. So wäre es für die Eltern z. B. wichtig zu wissen, ob die meisten Kinder, mit denen Mila in Kontakt kommt, sich mehr als eine Stunde pro Tag oder gar unbegrenzt mit ihrem Smartphone beschäftigen dürfen. Darüber hinaus sollten die Eltern bedenken, welche alternativen Freizeitmöglichkeiten die Umwelt bzw. Lebenssituation von Mila bietet (oder nicht bietet), welche Bedürfnisse bei ihr eine Rolle spielen, ob sie überhaupt schon etwas über mögliche Gefährdungen durch eine unbegrenzte Nutzung des Smartphones oder kritische Inhalte weiß, ob sie gegebenenfalls verschiedene Möglichkeiten der Freizeitgestaltung abwägen kann und ob sie bei ihren Aktivitäten nur ihren eigenen Spaß im Auge hat oder sich mindestens bis zu einem gewissen Grad auch in die Situation ihrer Eltern versetzen kann. Von all diesen Bedingungen hängt es ab, wie Mila die Zeitbegrenzung empfindet: nur als willkürliches Diktat der Eltern oder als Bemühen der Eltern um eine sinnvolle Mediennutzung.

Die skizzierten Bedingungen sind allerdings nicht nur für erzieherische Maßnahmen in der jeweiligen Familie bzw. von direkten Erziehungspersonen wichtig, sondern auch für die Medienerziehung und Medienbildung in der Grundschule.

## 2.5 Bedeutung für Erziehung und grundlegende Bildung

Schon von erzieherischen Maßnahmen in der Familie ist zu erhoffen, dass diese nicht nur auf kurzfristige Effekte zielen, sondern eine längerfristige Perspektive haben. Gilt dies bereits für elterliche Aktivitäten, so ist es für das Vorgehen in der Grundschule geradezu notwendig – ist die Grundschule als gesellschaftliche Institution doch verpflichtet, ihre erzieherischen und bildungsbezogenen Maßnahmen daran auszurichten, dass für jedes einzelne Kind Entwicklungsmöglichkeiten eröffnet werden und zugleich gesellschaftlichen Anforderungen entsprochen wird. Dieser Verpflichtung kann und soll die Grundschule durch eine grundlegende Bildung für alle Kinder nachkommen (vgl. dazu Jung 2021, S. 57–59).

Vor diesem Hintergrund wird im Folgenden zunächst gefragt, welche *Zielperspektiven* für die Medienerziehung und Medienbildung in der Grundschule leitend sein sollen. So stellt sich im Zusammenhang des obigen Beispiels – und unter Berücksichtigung des Grundsatzes, dass schulisches Lernen letztlich auf das Leben gerichtet sein soll – die Frage, welches Handeln von Mila wünschenswert wäre.

Mit Bezug auf diese Frage ist erstens zu hoffen, dass Mila ihre Situation angemessen einschätzt. Dies heißt zum einen, dass sie sich der Abmachung mit den Eltern und der damit verbundenen Verpflichtung sowie ihrer Sinnhaftigkeit im Hinblick auf Risiken der Smartphone-Nutzung bewusst ist. Es heißt zum anderen aber auch, dass sie den Wunsch ihrer Freundin, die zunächst ja nichts von dieser Abmachung weiß, richtig einordnet. Demgemäß ist zu wünschen, dass sie auf einer solchen Grundlage zu einem *sachlich angemessenen bzw. sachgerechten Vorgehen* gelangt. Zweitens ist zu erhoffen, dass Mila ihr Vorgehen nicht bloß von ihrer Freundin bestimmen lässt, sondern in Abwägung der Abmachung mit den Eltern zu einer von ihr selbst getragenen Entscheidung kommt: also sich an ein *selbstbestimmtes Handeln* annähert. Drittens ist zu wünschen, dass ihr nicht nur die

## 2 Bedingungen des Medienhandelns von Kindern

Möglichkeiten »Zustimmung« oder »Ablehnung« ins Bewusstsein kommen, sondern dass sie in *kreativer Weise* weitere Handlungsmöglichkeiten bedenkt. Viertens bleibt zu wünschen, dass Mila bei ihrer Entscheidung nicht nur ihre eigenen Bedürfnisse und Interessen berücksichtigt, sondern die Interessen der beteiligten Personen einbezieht und in diesem Sinne *sozial verantwortlich* handelt. Damit zeichnen sich vier Zielperspektiven ab, die nicht nur für diesen Einzelfall, sondern generell für die Medienerziehung und Medienbildung in der Grundschule wichtig sind: Entsprechende Maßnahmen sollen letztlich ein *sachgerechtes,* ein *selbstbestimmtes,* ein *kreatives* und ein *sozial verantwortliches Handeln* ermöglichen.

Eine an solchen Zielperspektiven orientierte Medienerziehung und Medienbildung erweist sich sowohl mit Blick auf das grundgesetzlich verbürgte Recht auf freie Entfaltung der Persönlichkeit als auch im Hinblick auf gesellschaftliche Anforderungen als bedeutsam. Dabei kann eine *altersgemäße Umsetzung* in Richtung eines sachgerechten, selbstbestimmten, kreativen und sozial verantwortlichen Handelns zum einen als Voraussetzung für die Entfaltung eigener Möglichkeiten und zum anderen als Bedingung dafür gelten, dass in der Grundschule die Basis für die Entwicklung des Kindes zu einer gesellschaftlich handlungsfähigen Persönlichkeit gelegt wird. Zugleich kann so ein Beitrag zu der – von Günther Schorch (2007, S. 42) betonten – Doppelaufgabe der Grundschule geleistet werden: altersgemäß unterstützte Erschließung der Welt und Grundlegung späterer Entwicklungen.

Vor diesem Hintergrund stellen sich die oben herausgearbeiteten Bedingungen des Medienhandelns als bedeutsam für erzieherische und bildungsbezogene Aktivitäten in der Grundschule dar: Sollen diese zum Erfolg führen, müssen mit Blick auf die Lebenssituation und unter Beachtung der Bedürfnislage der Kinder situative Anforderungen gestellt werden, die dazu führen, dass Kinder ihren Erfahrungs- und Wissensstand in Richtung auf ein sachgerechtes Handeln erweitern. Damit zusammenhängend geht es zum einen um die Förderung der intellektuellen Entwicklung im Sinne der Heranführung an eigenständige Entscheidungen zwischen mehreren Handlungsmög-

## 2.5 Bedeutung für Erziehung und grundlegende Bildung

lichkeiten unter Einbezug kreativer Lösungen. Zum anderen ist die Förderung der sozial-moralischen Entwicklung wichtig, um die in der Regel zunächst gegebene Fokussierung auf egozentrische Sichtweisen zu überwinden und die soziale Perspektive auf die Interessen und Erwartungen anderer so zu erweitern, dass soziale Verantwortung grundgelegt wird. Mit entsprechenden Aktivitäten ordnen sich Medienerziehung und Medienbildung zugleich in den Kontext der für die Grundschule geforderten Vorbereitung auf ein »humanes, wertorientiertes, selbstverantwortliches individuelles und gesellschaftliches Leben« ein (Lichtenstein-Rother u. Röbe 2005, S. 11).

Bezogen auf den Eingangsfall (mit Mila und Hanna) könnten Kinder z. B. in einer Unterrichtseinheit in einer dritten oder vierten Klasse mit der skizzierten Situation konfrontiert werden – wobei es günstig wäre, wenn Zeitbegrenzungen bei der Mediennutzung ihrer Lebenssituation entsprächen. In diesem Fall sollten sie zunächst ihre Erfahrungen mit der Nutzung von Smartphones sowie mit Erwartungen von Freundinnen und Freunden sowie mit möglichen Abmachungen mit Eltern einbringen. Anschließend könnte die Lehrperson anregen, über diese Erfahrungen und ihre Bedeutung für das mögliche Verhalten von Mila und Hanna nachzudenken und zu diskutieren. Anschließend sollten von den Kindern, z. B. in Kleingruppen, Handlungsmöglichkeiten für das Vorgehen von Hanna zusammengestellt und Stellungnahmen mit einem Entscheidungsvorschlag für Mila erarbeitet werden. Die Stellungnahmen ließen sich dann in der Klasse vorstellen und diskutieren – gegebenenfalls mit weiteren entwicklungsstimulierenden Impulsen durch die Lehrperson. Darüber hinaus könnten die Kinder ein Rollenspiel vorbereiten und durchführen, in dem Hanna versucht, Mila zu überreden, doch die Videos der Youtuberin anzuschauen, und Mila Argumente dagegen anführt. Abschließend ließen sich wichtige Argumente noch einmal bedenken und festhalten.

Bei einem solchen Unterrichtsverlauf hätten die Kinder zum einen die Chance, ihre Erfahrungen zu reflektieren und ihr Wissen bezüglich sozialer Konflikte und Smartphone-Nutzung zu erweitern. Zum anderen könnten sie so in ihrer intellektuellen Entwicklung hinsichtlich des Denkens in mehreren Möglichkeiten und in ihrer sozialmoralischen Entwicklung im Sinne einer Erweiterung der sozialen Perspektive gefördert werden (▶ Kap. 8.6). All dies lässt sich dann auch als Schritt auf dem Weg zu einem sachgerechten, selbstbestimmten, kreativen und sozial verantwortlichen Medienhandeln deuten.

> **Hinweise für die Weiterarbeit**
> Ein weiterer Konfliktfall bei der Mediennutzung könnte z. B. darin bestehen, dass eine frühere enge Freundin von Mila aus Enttäuschung und Wut darüber, dass Mila nun eine andere Freundin hat, über eine WhatsApp-Gruppe ein peinliches Bild von Mila verbreitet. Da Mila ebenfalls über peinliche Fotos ihrer früheren Freundin verfügt, überlegt sie, ob sie im »Gegenzug« ebenfalls ein solches Foto verschickt.
> 
> Überlegen Sie bitte mit Bezug auf diesen Fall, welchen Einfluss die Lebenssituation von Mila und ihre Bedürfnisse, ihr Wissens- und Erfahrungsstand sowie ihre intellektuelle Art des Denkens und ihre sozial-moralischen Urteilsformen auf ihr Vorgehen haben mögen. Skizzieren Sie des Weiteren einen Unterrichtsablauf, mit dem es möglich wäre, Kinder zu einer wissenserweiternden und entwicklungsfördernden Auseinandersetzung mit diesem Konfliktfall anzuregen.
>
> Anstelle des skizzierten Falles können Sie für entsprechende Überlegungen – mit Blick auf die Voraussetzungen der Kinder – selbstverständlich auch einen anderen Fall zugrunde legen.

In den folgenden Kapiteln werden die Überlegungen zu den verschiedenen Handlungsbedingungen ausdifferenziert, sodass weitere Hinweise für die Medienerziehung und Medienbildung möglich werden.

# 3

# Mediennutzung als bedürfnis- und situationsbezogene Handlung

Im vorherigen Kapitel ist deutlich geworden, dass Medienhandeln u. a. im Zusammenhang mit der Lebenssituation des jeweiligen Kindes und seinen Bedürfnissen steht. Dabei wurden bereits einzelne Aspekte der Lebenssituation und verschiedene Bedürfnisse angesprochen. In diesem Kapitel wird es darum gehen, sowohl die Lebenssituation von Kindern und ihre Bedürfnisse weitergehend zu beleuchten als auch Zusammenhänge mit der Mediennutzung differenzierter zu betrachten.

Ausgangspunkt dafür soll wieder ein Beispiel sein. Dieses bezieht sich auf die Nutzung von digitalen Spielen und beruht darauf, dass solche Spiele bei vielen Kindern sehr beliebt sind – wobei es sich um

# 3 Mediennutzung als bedürfnis- und situationsbezogene Handlung

Computer-, Konsolen-, Online-, Tablet- oder Smartphone-Spiele handeln kann (vgl. mpfs 2019, S. 52). In diesem Zusammenhang haben insbesondere Jungen eine besondere Präferenz für Konsolenspiele (vgl. mpfs 2019, S. 53). Vor diesem Hintergrund kann man sich bezüglich der Lebenssituation und der Nutzung von digitalen Spielen eines Grundschulkindes – hier Leon genannt – Folgendes vorstellen (vgl. dazu auch Pupeter u. Schneekloth 2018; Wolfert u. Pupeter 2018):

## 3.1  Beispiel: Leon und seine digitalen Spiele

Leon lebt mit seiner alleinerziehenden Mutter in einer kleinen Mietwohnung in einer Großstadt. Der Mutter fällt es zunehmend schwer, ihren beruflichen Anforderungen gerecht zu werden und sich gleichzeitig um ihren Sohn zu kümmern. So ist es kein Wunder, dass Leon manchmal sauer ist, dass seine Mutter so wenig Zeit für ihn oder für gemeinsame Aktivitäten hat. Außerdem sind die Möglichkeiten, etwas zu unternehmen, aufgrund des relativ geringen Einkommens der Mutter begrenzt, sodass Leon beispielsweise auch schon mehrmals absagen musste, wenn sich seine Freunde aus der vierten Klasse für einen Besuch in einem Spaßbad, in einem Freizeitpark oder auf einem Jahrmarkt verabredet haben. Auch bezüglich seiner Kleidung kann er nicht mit den Klassenkameraden mithalten.

Allerdings hat der getrennt lebende Vater Leon zu seinem Geburtstag eine Spielkonsole mit einzelnen Spielen geschenkt. Seitdem spielt er regelmäßig unterschiedliche Spiele, manchmal auch mehrere Stunden am Tag. Besonders beliebt sind bei ihm Action-, Sport-, Jump and Run-, Adventure- und Ego-Shooter-Spiele. Hin und wieder versucht sich Leon auch an einfachen Strategiespielen. Neue Spiele lässt er sich jeweils zu Weihnachten oder anderen Anlässen schenken oder leiht sie von Klassenkameraden aus. Da die Klassenkameraden zum Teil über ältere Ge-

## 3.1 Beispiel: Leon und seine digitalen Spiele

schwister Zugang zu Spielen haben, die von der Unterhaltungssoftware Selbstkontrolle (USK) erst für ein späteres Alter freigegeben wurden, ist es für ihn kein Problem, an Spiele zu kommen, die gemäß USK für ihn eigentlich ungeeignet sind. Meistens spielt Leon allein – zumal die kleine Wohnung kaum Besuche von Freunden zulässt und auch die Mutter nicht möchte, dass sich mehrere Kinder in der Wohnung aufhalten. Neben der Nutzung der Spielkonsole schaut er sich hin und wieder Filme oder Serien im Fernsehen oder mithilfe eines DVD-Players an.

Die Mutter ist insgesamt froh, dass Leon so beschäftigt ist und sie nicht dauernd bittet, etwas Gemeinsames zu unternehmen. Mit seinen Klassenkameraden unterhält er sich oft über Spiele, manchmal auch über aktuelle Filme und Serien. Besonders freut er sich, wenn er ein Spiel geschenkt bekommen hat, das die anderen noch nicht kennen, und er davon erzählen kann. Gern erwähnt er auch, welches Level er bei einzelnen Spielen erreicht hat – vor allem, wenn er weiß, dass es Klassenkameraden noch nicht gelungen ist, bis zu diesem Level vorzustoßen. In der Schule ist Leon ein Schüler mit eher schwächeren Leistungen. Deshalb wird er auch hin und wieder von seiner Lehrerin und der Mutter getadelt. Ebenso bleiben seine sportlichen Leistungen in der Regel hinter denen seiner Klassenkameraden zurück.

Bei dieser Situation ist offensichtlich, dass die Mediennutzung eine große Bedeutung für Leon hat. Es stellt sich allerdings die Frage, welche Bedürfnisse es im Einzelnen sind, die in der Lebenssituation von Leon (mindestens teilweise) unbefriedigt bleiben und die durch die Nutzung von Spielen, Filmen und Serien zum Tragen kommen. Dies wirft die generelle Frage nach den Bedürfnissen von Kindern und ihrer Bedeutung für die Mediennutzung im Rahmen der jeweiligen Lebenssituation auf.

## 3 Mediennutzung als bedürfnis- und situationsbezogene Handlung

## 3.2 Bedürfnisse von Kindern

Grundschulkinder haben unter den gegebenen gesellschaftlichen Verhältnissen viele Wünsche. Sie möchten z. B. etwas Gutes essen oder trinken, von den Eltern in den Arm genommen werden, sich bewegen, ein schönes Zuhause haben, passende Kleidung tragen, Ausflüge machen, ohne Angst leben, von den Eltern umsorgt werden, abends etwas vorgelesen bekommen, Erwartungen von Eltern oder Lehrpersonen kennen, Bilder oder Filme anschauen, ein Smartphone und Spielzeug besitzen, gute Freunde haben, etwas malen oder basteln, mit anderen Sport treiben, anregende Spiele spielen, etwas lernen und leisten, von ihren Eltern, Lehrpersonen oder Gleichaltrigen Anerkennung erfahren sowie mitentscheiden oder selbst bestimmen, was zu tun ist.

Die vielfältigen Wünsche von Kindern sind Ausdruck verschiedener Antriebe des Menschen. Sie stellen als Wünsche noch nicht die Antriebe selbst dar, sondern nur deren Erscheinungsformen. So möchte ein Kind möglicherweise ein Smartphone oder ein Spielzeug nicht um seiner selbst willen besitzen, sondern weil die anderen Kinder auch darüber verfügen und es nicht hinter ihnen zurückstehen will. In diesem Fall steckt hinter dem Wunsch nach einem Smartphone das allgemeinere Streben nach Zugehörigkeit (vgl. Maslow 1981, S. 48).

Die Frage nach kindlichen Bedürfnissen steht insgesamt im Rahmen der Frage, welche Antriebe menschliches Verhalten und Handeln *generell* steuern. Dazu sind – insbesondere in der Psychologie – vielfältige Trieb-, Instinkt-, Motiv- oder Bedürfnistheorien entstanden (vgl. z. B. Zimbardo u. Gerrig 2004, S. 503–543). Diese reichen von der Zusammenstellung vielfältiger Motiv- und Bedürfniskataloge bis zu dem Versuch, alle menschlichen Antriebe auf einzelne zentrale Motive zurückzuführen. Dabei kommen als zentrale Antriebe z. B. der Drang zur Selbsterhaltung mit Bedürfnissen wie Hunger und Durst, erotische und sexuelle Motive als treibende Kräfte für die Erhaltung der Art sowie das Streben nach Geltung und Macht

## 3.2 Bedürfnisse von Kindern

in den Blick. Eine Diskussion der verschiedenen Ansätze würde allerdings den Inhaltsrahmen dieses Bandes überschreiten – zumal dazu hilfreiche Übersichten vorliegen (z. B. von Zimbardo u. Gerrig 2004). Hier soll es vor allem darum gehen, wichtige Bedürfnisse bzw. Bedürfnisgruppen zusammenzustellen, die Anregungen für die Medienerziehung und Medienbildung von Kindern bieten.

Dazu ist als erstes ein Blick auf die Bedürfnistheorie des humanistisch orientierten Psychotherapeuten Abraham H. Maslow (1908–1970) hilfreich. Er unterscheidet zunächst fünf Bedürfnisgruppen und bezeichnet sie als Grundbedürfnisse des Menschen (vgl. Maslow1981, S. 62–74):

- *Physiologische Bedürfnisse*, z. B. die »klassischen« Bedürfnisse Hunger, Durst und Sexualität sowie die Bedürfnisse nach Erregung und Aktivität sowie nach Ruhe und Schlaf
- *Sicherheitsbedürfnisse*, z. B. die Bedürfnisse nach Stabilität und Schutz, nach Geborgenheit und Angstfreiheit, nach Ordnung und Struktur sowie nach Gesetz und Grenzen
- *Zugehörigkeits- und Liebesbedürfnisse*, z. B. die Bedürfnisse nach Kontakt und Verwurzelung in einer Gemeinschaft, nach Freundschaft und Zuneigung sowie nach engen und intimen Beziehungen
- *Achtungsbedürfnisse*, z. B. die Bedürfnisse nach Anerkennung und Geltung, nach Kompetenz und Leistung, nach Stärke und besonderem Status sowie nach Ruhm und Dominanz
- *Selbstverwirklichungsbedürfnisse*, z. B. das Verlangen nach Aktualisierung der Möglichkeiten, die der Einzelne besitzt – sei es im sozialen, im sportlichen, im künstlerischen oder im wissenschaftlichen Bereich.

Außerdem spricht Maslow noch das Verlangen nach Wissen und Verstehen, ästhetische Bedürfnisse sowie das Bedürfnis nach Transzendenz im Sinne eines Bestrebens nach Überschreitung des Selbst in Bereiche an, die über sinnlich Beobachtbares hinausgehen (vgl. Maslow 1981, S. 75–78; Maslow, Geiger u. Maslow 1971; Zimbardo u. Gerrig 2004, S. 540).

# 3 Mediennutzung als bedürfnis- und situationsbezogene Handlung

Die Überlegungen von Maslow beziehen sich auf menschliche Bedürfnisse generell. Dabei nimmt er an, dass sich die Bedürfnisse im Laufe des Lebens entwickeln. Aus dieser Sicht sind mit Blick auf Kinder insbesondere die ersten vier der genannten Grundbedürfnisse in Verbindung mit kognitiven und ästhetischen Aspekten relevant. Das Bestreben nach Selbstverwirklichung und Transzendenz im Maslow'schen Sinne entwickelt sich erst in einem späteren Alter und setzt die weitgehende Befriedigung der physiologischen Bedürfnisse sowie der Sicherheits-, Zugehörigkeits- und Achtungsbedürfnisse voraus (vgl. Maslow 1981, S. 74).

Für Überlegungen zu kindlichen Bedürfnissen liegt zudem ein ergänzender Blick auf die Selbstbestimmungstheorie der Motivation von Edward L. Deci und Richard M. Ryan nahe. Allgemein unterscheiden Deci und Ryan bezüglich der Herkunft motivationaler Handlungsenergie beim Menschen zunächst physiologische Bedürfnisse, Emotionen und psychologische Bedürfnisse (vgl. Deci u. Ryan 1993, S. 229). In ihrem Ansatz widmen sie sich dann besonders den psychologischen Bedürfnissen. Diese unterteilen sie in

- Bedürfnisse nach Kompetenz oder Wirksamkeit,
- Bedürfnisse nach Autonomie oder Selbstbestimmung und
- Bedürfnisse nach sozialer Eingebundenheit bzw. sozialer Zugehörigkeit.

Bei allen Affinitäten zum Ansatz von Maslow erhält so das Bestreben des Menschen nach Kompetenz oder Wirksamkeit sowie nach Autonomie oder Selbstbestimmung einen eigenständigeren Stellenwert und sollte auch für Überlegungen zu kindlichen Bedürfnissen angemessen beachtet werden. Dabei kann man mit Bezug auf die Ansätze sowohl von Maslow als auch von Deci und Ryan davon ausgehen, dass die treibende Kraft für die Bedürfnisentwicklung eines Kindes grundsätzlich mit einem Streben nach körperlichem, seelischem und geistigem Wachstum im Sinne des Erlangens von Selbstständigkeit verbunden ist. Vor diesem Hintergrund lassen sich für Kinder folgende Bedürfnisgruppen zusammenstellen:

## 3.2 Bedürfnisse von Kindern

1. *Grundlegende physische und psychische Bedürfnisse:* Hier sind zunächst die oben – mit Bezug auf Maslow – angesprochenen physiologischen Bedürfnisse relevant. Gleichzeitig sind grundlegende psychische Antriebe von Kindern, z. B. Neugier und Streben nach Erkundung der Umwelt, nicht nur als funktional für das Überleben, sondern auch als unabhängige Triebkräfte zu betrachten. Dafür spricht u. a., dass Kinder verkümmern, wenn ihnen Möglichkeiten der Umwelterkundung vorenthalten bleiben. Aus diesem Grund werden hier – neben physischen – auch grundlegende psychische Antriebe der ersten Bedürfnisgruppe zugerechnet.

   Schon auf dieser Bedürfnisebene ergeben sich Bezüge zum Medienhandeln: Medien können die Bedürfnisse nach Sinneserregung und nach Spannung sowie nach Erkundung ansprechen. So mag z. B. die Nutzung verschiedener Spiele oder das Anschauen von Abenteuerfilmen mit grundlegenden physischen und psychischen Bedürfnissen verknüpft sein.

2. *Bedürfnisse nach Sicherheit und Orientierung:* Bei dieser Bedürfnisgruppe gilt zunächst wieder das von Maslow angesprochene Streben nach Sicherheit: Wenn für ein Kind erst einmal die für das Überleben notwendigen Bedürfnisse befriedigt sind, möchte es sich hinsichtlich weiterer Bedürfnisbefriedigung auch sicher fühlen. Zugleich erscheint eine Ergänzung durch das kognitive Bedürfnis nach Orientierung sinnvoll: Zum einen ist Orientierung für Sicherheit erforderlich, zum anderen ist das Streben nach Orientierung in der eigenen Lebenswelt so tief in der menschlichen Motivstruktur verankert, dass ihm auch ohne direkten Bezug zum Sicherheitsbedürfnis ein wichtiger Stellenwert zukommt. Auch diese Bedürfnisse können bei der Mediennutzung eine bedeutende Rolle spielen. So mag ein Spiel unter Umständen durch sein ordnendes Regelwerk Sicherheit vermitteln. Und selbst wenn sich Kinder bei manchen Spielen in ein »Umfeld« begeben, in dem gefährliche Situationen simuliert werden, wissen sie letztlich doch, dass diese nicht bedrohlich für sie sind. Zudem lassen sich Spielen oder Videos gegebenenfalls Vorstellungen zum Verhalten in Konfliktfällen oder zur Rolle des eigenen Geschlechts entneh-

men. Wenn solche Vorstellungen zum Teil auch irreführend sein mögen, stellt die Mediennutzung doch eine Möglichkeit der Orientierung dar.
3. *Bedürfnisse nach Zugehörigkeit und Liebe:* Diese Bedürfnisgruppe lässt sich mit den – oben bei den Maslow'schen Grundbedürfnissen genannten – Beispielen treffend beschreiben. Dabei spielt für die Entwicklung von Kindern eine besondere Rolle, dass sie sich in ihrer Familie sowie im Kreis von Freunden und Gleichaltrigen nicht nur sicher, sondern auch angenommen fühlen möchten. Außerdem ist wichtig, dass sie als Mitglied einer Gruppe den Blick – über egozentrische Sichtweisen hinausgehend – auf andere richten (müssen).

Diese Bedürfnisgruppe ist zugleich für die Mediennutzung bedeutsam, vermittelt doch schon die Nutzung vergleichbarer Medien und der Erfahrungsaustausch darüber ein Gefühl von Zugehörigkeit. Demgemäß kann es für Kinder z. B. wichtig sein, mit Gleichaltrigen über Spiele und Filme zu sprechen und gegebenenfalls Spiele untereinander auszutauschen.

4. *Bedürfnisse nach Anregung der Fantasie und Erprobung von Handlungsmöglichkeiten:* Kinder möchten sich nicht nur sicher und in einer Gemeinschaft angenommen fühlen, sie möchten auch neue Handlungsmöglichkeiten erkunden. Dazu ist es wichtig, dass die Fantasie angeregt sowie Handlungsmöglichkeiten ausgedacht und erprobt werden können.

Fantasieanregung erfolgt im Medienbereich z. B. durch die Darstellung von Märchen oder Geschichten per Film, Fernsehen oder Video sowie durch digitale Spiele. Dabei können Kinder im Rahmen von Spielen Handlungsmöglichkeiten – wenn auch nur in simulierter Weise – in sanktionsfreier Form erkunden. Außerdem ist es möglich, beunruhigenden Märchen oder Geschichten in der eigenen Fantasie einen anderen Ausgang zu verleihen.

5. *Bedürfnisse nach Respekt und Wertschätzung:* Kinder wollen sich nicht nur in einer Gemeinschaft aufgehoben fühlen und neue Handlungsmöglichkeiten erproben, sie möchten auch als Individuen respektiert und wertgeschätzt werden. Die entsprechende Bedürf-

## 3.2 Bedürfnisse von Kindern

nisgruppe bezieht sich auf die Strebungen, die Maslow als Achtungsbedürfnisse bezeichnet. Sie sind bei Maslow allerdings mit den Bedürfnissen nach Kompetenz und Leistung verbunden. Die Bedürfnisse nach Respekt und Wertschätzung sollten jedoch als eigenständige Bedürfnisgruppe angesehen werden, weil sie auch unabhängig von besonderen Leistungen existent sind. Bezüglich der Mediennutzung können entsprechende Bedürfnisse z. B. zum Tragen kommen, wenn sich Kinder durch besondere Kenntnisse zu Medienangeboten, durch das Erreichen eines hohen Levels bei Spielen oder durch hervorstechende mediale Fähigkeiten, etwa beim Fotografieren, Respekt und Anerkennung verschaffen.

6. *Bedürfnisse nach Wissen und Können:* Diese Bedürfnisgruppe kann ebenfalls als eigenständige Bedürfnisgruppe gelten, weil so zum einen das Streben nach Wissen und Können nicht nur als funktional für das Streben nach Achtung aufgefasst wird und zum anderen die kognitiven Bedürfnisse des Kindes angemessen in den Blick gelangen. Zudem wird auf diese Weise der Entwicklungsgedanke zutreffend betont: Ist der Erwerb von Wissen und Können in einem frühen Alter häufig mit dem Bestreben nach Sicherheit und Orientierung sowie nach Zugehörigkeit und Wertschätzung verknüpft, stellt eine Ablösung von entsprechenden Motiven einen wichtigen Schritt für das Lernen nach eigenen Interessen und Zielsetzungen dar.
So mag im Medienbereich z. B. die Rezeption von Videos zu einem eigenständigen Interesse an Filmen und zur Auseinandersetzung mit filmischen Möglichkeiten sowie zu dem Bestreben führen, eigene Videos zu gestalten.

7. *Bedürfnisse nach Selbstbestimmung und Autonomie:* Kinder sind zwar grundsätzlich bereit, zu tun oder zu lassen, was Autoritätspersonen von ihnen verlangen, sie möchten aber auch selbst entscheiden oder mitentscheiden können: Im Kreis von Freunden oder Gleichaltrigen wollen sie auch mal »Bestimmer« oder »Bestimmerin« sein. Dies ermöglicht es ihnen, auf Dauer nicht nur zu einer selbsttätigen, sondern auch selbstständigen Person zu werden.

## 3 Mediennutzung als bedürfnis- und situationsbezogene Handlung

Im Medienbereich kann dieses Bedürfnis z. B. dadurch Berücksichtigung erfahren, dass Kinder einen Freiraum für ihre Mediennutzung erhalten – sowohl hinsichtlich der Auswahl der Medien als auch der Zeitgestaltung (was nicht ausschließt, dass ein nachvollziehbarer Rahmen durch Eltern gesetzt wird). Außerdem entspricht es kindlichen Bedürfnissen, wenn bei gemeinsamem Mediengebrauch in der Familie ihre Wünsche einbezogen werden.

Die damit aufgeführten Bedürfnisgruppen sind insgesamt *nicht* als isolierte und scharf abgegrenzte Bereiche zu verstehen, sie beschreiben vielmehr analytische Akzentuierungen, die zum Teil ineinander übergehen und sich in unterschiedlicher Weise ausdrücken können.

### 3.3 Annahmen zum Wirksamwerden von Bedürfnissen

Der obigen Beschreibung der verschiedenen Bedürfnisgruppen liegt – wie angesprochen – der Gedanke zugrunde, dass kindliches Verhalten und Handeln mit dem Antrieb verbunden sind, eine eigenständige Persönlichkeit zu werden. Die Bedürfnisse sind *nicht* alle sofort von Geburt an wirksam, sie entwickeln sich erst nach und nach (vgl. Maslow 1981, S. 128). Dabei können sie im Laufe der Zeit mit unterschiedlichem Gewicht ausgeprägt sein. Zum Beginn der Grundschulzeit dürften sie sich in unserer gesellschaftlichen Situation im Regelfall jedoch so ausgebildet haben, dass sie alle wirksam werden können. Dies schließt nicht aus, dass sich ihre Erscheinungsformen noch weiterentwickeln. So wird z. B. das Streben nach Orientierung bei einem Kind in der ersten Klasse auf andere Dinge gerichtet sein als das Orientierungsbedürfnis eines Kindes der vierten Klasse. Beispielsweise mag ein Kind am Schulanfang besonders an der neuen Umgebung mit ihren räumlichen Bedingungen und agierenden Personen interessiert sein, während ein älteres Kind darüber hinaus

## 3.3 Annahmen zum Wirksamwerden von Bedürfnissen

nach Orientierungen für das Verhalten als Mädchen oder Junge suchen wird.

Im Zusammenhang mit der Frage nach der *Entwicklung* von Bedürfnissen ist auch die Unterscheidung zwischen sogenannten *Defizit-* oder *Mangelbedürfnissen* und *Wachstumsbedürfnissen* wichtig (vgl. Maslow 1981, S. 62–79). Mangelbedürfnisse werden in der Regel eher wirksam als Wachstumsbedürfnisse. Beispielsweise zeigt sich das Bedürfnis nach Nahrung, nach Sicherheit oder nach Zuneigung früher als das Bedürfnis nach Wissen und Können. Generell sind Mangelbedürfnisse dadurch gekennzeichnet, dass sie soweit befriedigt werden können, dass sie für eine gewisse Zeit nicht mehr wirksam sind, sich danach aber wieder aus physischen oder psychischen Gründen einstellen. Des Weiteren gilt, dass eine ständige Nicht-Erfüllung von Defizitbedürfnissen krankmacht. Bei Nahrungsbedürfnissen ist dies offensichtlich. Aber auch bei ständiger Unsicherheit und dauerndem erfolglosen Streben nach Zugehörigkeit oder Wertschätzung stellen sich auf Dauer psychische Störungen ein. Demnach erfordert die physische und psychische Gesundheit von Kindern eine hinreichende Befriedigung der Mangelbedürfnisse. Im Vergleich zu Mangelbedürfnissen sind Wachstumsbedürfnisse dadurch gekennzeichnet, dass sie grundsätzlich auf weitere Entfaltung drängen. Wenn sich bei einem Kind z. B. in einem bestimmten Wissensgebiet ein Interesse ausgebildet hat, möchte es in diesem Gebiet immer mehr erfahren.

Des Weiteren lassen sich bezüglich des Wirksamwerdens von Bedürfnissen folgende Annahmen formulieren (vgl. Maslow 1981, S. 46–81):

- Der Organismus bzw. Mensch stellt ein *integriertes Ganzes* dar. Das bedeutet z. B., dass bei einem Kind, das nicht gefrühstückt hat, der Hunger nicht einfach als Bedürfnis des Magens abgetan werden kann – vielmehr werden auch sein Denken und seine psychomotorischen Aktivitäten durch den Hunger mitbestimmt und auf Nahrung gerichtet.
- Die verschiedenen Bedürfnisse stehen in einem *Wechselverhältnis* zueinander, sodass ein starkes Bedürfnis gegebenenfalls andere

# 3 Mediennutzung als bedürfnis- und situationsbezogene Handlung

Bedürfnisse zurückdrängt. Beispielsweise wird sich ein Kind kaum auf das Lernen konzentrieren können, wenn es unter starker Angst leidet (weil das Sicherheitsbedürfnis übermächtig ist).
- Eine Handlung oder Tätigkeit kann gleichzeitig durch *mehrere Bedürfnisse* beeinflusst sein. So mag ein Kind besonders gern Computerspiele nutzen, weil ihm dies sowohl Sicherheit und Zugehörigkeit als auch Anerkennung verschafft.
- Die *bisherige Bedürfnisbefriedigung* beeinflusst die aktuelle Wirksamkeit eines Bedürfnisses. Wenn ein Kind beispielsweise stets viel Zuneigung erfahren hat, kann es darauf für eine gewisse Zeit besser verzichten als ein Kind, das sich häufig vergeblich um Zuneigung bemüht hat.
- Bedürfnisbefriedigung setzt *bestimmte Bedingungen* voraus, deren Wegfall oder Gefährdung die gleichen Reaktionen auslösen kann wie die Frustration des Bedürfnisses selbst. Wird beispielsweise einem Kind, das im Rahmen von Freundschaften sein Zugehörigkeitsbedürfnis zur Geltung bringt, von den Eltern der Umgang mit einem Freund oder einer Freundin untersagt, kann dies die gleichen emotionalen Reaktionen hervorrufen wie eine direkte Frustration des Bedürfnisses nach Zugehörigkeit.
- Die verschiedenen Bedürfnisse stehen in einem Verhältnis *relativer Hierarchie* zueinander. Das Auftauchen höherer Bedürfnisse setzt in der Regel die Befriedigung der darunter liegenden Bedürfnisse voraus. Allerdings gibt es dabei auch Ausnahmen. So kann z. B. auch schon ein Kind, wenn es von einer kognitiven oder gestalterischen Aufgabe fasziniert ist, über einen gewissen Zeitraum Hunger oder Durst überspielen.

Insgesamt ist auch das Wirksamwerden von Bedürfnissen nicht als isolierter Vorgang, sondern im Zusammenhang mit situativen, wissens- und entwicklungsbezogenen Handlungsbedingungen zu sehen.

## 3.4 Zum Verhältnis von Bedürfnissen und Emotionen

Generell sind Emotionen mit der Befriedigung oder Frustration von Bedürfnissen verbunden. Während die Befriedigung eines Bedürfnisses mit angenehmen Emotionen oder Lustempfinden einhergeht, führt seine Nicht-Befriedigung oder Frustration zu unangenehmen Gefühlen und Unlustempfinden. So wird sich ein Kind im Regelfall freuen, wenn es einen spannenden Film anschauen darf, aber verärgert sein, wenn ihm untersagt wird, eine Fernsehserie zu verfolgen, die Freunde und Freundinnen sehen dürfen. Positive oder negative Gefühle entstehen aber nicht erst, wenn ein Bedürfnis befriedigt oder frustriert wird, sondern bereits dann, wenn eine Situation intuitiv so eingeschätzt wird, dass Hoffnung auf oder Bedrohung von Bedürfnisbefriedigung besteht, z. B. als Vorfreude oder als Furcht und Angst. So mag sich ein Kind z. B. auf ein Adventurespiel freuen, wenn es ihm Sinneserregung und Spannung verspricht; das Kind würde sich aber Sorgen machen, wenn es befürchten müsste, dass ihm seine Eltern irgendwann die Konsolenspiele verbieten. Insofern können Emotionen neben einem Gegenwarts- auch einen Zukunftsbezug haben. Außerdem lassen sie sich auf vergangene Ereignisse beziehen. Beispielsweise könnte ein Kind Stolz entwickeln, weil es bei vorausgehenden Spielen ein hohes Level erreicht hat.

Damit sind bereits zwei wichtige Dimensionen von Emotionen angesprochen: ihre Wertigkeit bzw. Valenz mit Ausprägungen auf einer Skala von Lust bis Unlust sowie ihr Zeitbezug, der von der Vergangenheit über die Gegenwart bis in die Zukunft reichen kann. Darüber hinaus können Emotionen durch eine Erregungsdimension gekennzeichnet werden. Diese zeigt sich zum einen als Aktivierungsgrad, der mit einer Emotion verbunden ist. So kann eine dauernde Bedürfnisfrustration einerseits zu resignativen Gefühlen, andererseits aber auch zu einem enormen Handlungsdruck führen, der sich

# 3 Mediennutzung als bedürfnis- und situationsbezogene Handlung

unter Umständen in einer aggressiven Handlung entlädt. Zum anderen lässt sich die Erregungsdimension auf die Stärke einer Emotion beziehen: von schwach, z. B. Enttäuschung, bis stark, z. B. Wut.

Die obigen Überlegungen verweisen noch einmal darauf, dass mit der Nutzung medialer Möglichkeiten sowohl positive Emotionen (z. B. Spaß, Vergnügen oder Kompetenzgefühle) als auch negative Emotionen (z. B. Entsetzen, Schrecken oder Wut) einhergehen können. Positive wie negative Gefühle erwachsen dabei zum einen aus *Rahmenbedingungen* der Nutzung. Beispielsweise kann das gemeinsame Anschauen eines lustigen Films ein angenehmes Gemeinschaftsgefühl erzeugen oder eine Störung bei der Übertragung eines spannenden Fußballspiels Ärger auslösen. Zum anderen ergeben sich positive oder negative Emotionen durch eine *Identifikation* mit dargestellten Personen. Dies geschieht z. B., wenn Kinder ihre Bedürfnisse nach Sinneserregung, Sicherheit, Zugehörigkeit oder Wertschätzung auf mediales Geschehen »übertragen« und dann mit den Heldinnen oder Helden Befriedigungen oder Frustrationen und zugehörige Gefühle teilen. So mag z. B. durch die Identifikation eines Kindes mit einem Helden, der in Gefahr gerät, zunächst das Sicherheitsbedürfnis aktiviert und Furcht erzeugt werden; bei einer Überwindung der Gefahr »erlebt« das Kind dann aber auch Freude oder Erleichterung mit.

## 3.5 Umwelt als Rahmenbedingung für die Anregung von Bedürfnissen

Bedürfnisse sind ein grundsätzliches Element der Begegnung von Kindern mit ihrer Umwelt. Dabei kann die Umwelt nicht-medialer oder medialer Art sein. Falls in einem der Bereiche Bedürfnisse nicht hinreichend zum Tragen kommen, drängen sie in dem jeweils anderen Bereich zur Befriedigung. Dies bedeutet insbesondere, dass

## 3.5 Umwelt als Rahmenbedingung für die Anregung von Bedürfnissen

Bedürfnisse, die in der nicht-medialen Umwelt ganz oder teilweise unbefriedigt bleiben, auf die Medien mit ihren Möglichkeiten gerichtet werden. Dabei ist die jeweils individuelle Lebenssituation in die allgemeine gesellschaftliche Situation eingebettet. Insgesamt wird diese allgemeine Situation zwar von jedem einzelnen Kind unterschiedlich wahrgenommen, sie bleibt jedoch als genereller Rahmen für grundsätzliche Möglichkeiten der Befriedigung kindlicher Bedürfnisse relevant. In diesem Sinne soll ein kurzer Blick auf die allgemeine Lebenssituation geworfen werden.

In den Gesellschaftswissenschaften wird die generelle Lebenssituation unterschiedlich charakterisiert. So war in den letzten Jahrzehnten u. a. von der Klassen-, der Industrie-, der Informations-, der Wohlstands-, der Erlebnis-, der Risiko-, der Leistungs-, der Einwanderungs-, der Anspruchs-, der Dienstleistungs- oder der Mediengesellschaft die Rede. Des Weiteren werden manchmal einzelne Merkmale unserer Gesellschaft ganz in den Vordergrund gerückt, z. B. Multikulturalität, Individualisierung, Differenzierung, Pluralität, Digitalisierung oder Globalisierung. Wenn jeder dieser Begriffe auch auf wichtige Tendenzen in der allgemeinen Lebenssituation verweist, so können sie doch jeweils für sich *nicht* dem gesamten gesellschaftlichen Zusammenhang gerecht werden. Auch mit den folgenden Hinweisen wird nicht der Anspruch erhoben, die Lebenssituation in ihrer Gesamtheit zu erfassen. Es kann nur darum gehen, auf wichtige Merkmale zu verweisen. Als solche können – auch mit Blick auf kindliches Erleben – in aller Kürze genannt werden (vgl. z. B. World Vision. Zukunft der Kinder 2018; Tulodziecki 2021, S. 47–66):

- Wohlstand bei ungleicher Einkommensverteilung – von Überfluss und Luxus bis zu konkretem Armutserleben
- Sicherung der Grundrechte bei mehrheitlich demokratischer Orientierung – von der Rechtsstaatlichkeit bis zur Bedrohung der Demokratie
- Vielfalt der Familien- und Lebensformen – von der Kernfamilie mit ein oder zwei Kindern bis zu rekombinierten Familien und Familien mit nur einem Elternteil

- Einfluss der Herkunftsschicht auf Lebenschancen – von der Bevorzugung im Hinblick auf Bildungs-, Erwerbs- und Berufschancen bis zu schwerwiegenden Benachteiligungen
- Vielfalt in ethnischer Hinsicht und multikulturelle Sichtweisen – von der Bejahung der Aufnahme von Menschen aus anderen Teilen der Welt bis zu Fremdenfeindlichkeit
- Pluralismus der Werte – von altruistischen Einstellungen und sozialer Verantwortung bis zu Narzissmus sowie bloßer Nutzen- und Profitorientierung
- Digitalisierung und Mediatisierung – von sinnvoller Nutzung zur Verbesserung von Lebensverhältnissen bis zu Manipulation und Datenmissbrauch
- Gefährdung von Grundlagen des Lebens und Zusammenlebens – vom Klimawandel und Katastrophen bis zu Terrorismus und Krieg.

Diese wenigen Hinweise deuten an, dass in unserer Gesellschaft zum einen für viele Kinder mannigfaltige Möglichkeiten bestehen, ihre Bedürfnisse zur Geltung zu bringen, zum anderen aber auch zahlreiche gesellschaftliche Bedingungen bestehen, die zu Bedürfnisfrustrationen von Kindern führen. Dies kann einerseits einen angemessenen Mediengebrauch, andererseits aber auch einen zu intensiven Medienkonsum mit Gefahren für die Entwicklung von Kindern zur Folge haben (Wolfert u. Pupeter 2018).

## 3.6 Bedeutung für Erziehung und grundlegende Bildung

Mit Blick auf medienbezogene Erziehungs- und Bildungsaufgaben in der Grundschule lassen sich auf der Basis obiger Überlegungen fünf Schlussfolgerungen festhalten:

## 3.6 Bedeutung für Erziehung und grundlegende Bildung

1. Da die Grundschule nur einen Teil der Lebenssituation von Kindern ausmacht und der häuslichen Umgebung sowie der Gleichaltrigen-Gruppe für die Entwicklung des Medienhandelns eine große Bedeutung zukommt, ist es bei medienpädagogischen Bemühungen wichtig, die Mediennutzung in den Haushalten und in der Gleichaltrigen-Gruppe im Blick zu behalten und – soweit möglich – mit Eltern zusammenzuarbeiten.
2. Bei Unterricht oder Projekten in der Grundschule sollte darauf geachtet werden, dass Bedürfnisse der Kinder beachtet und eingebracht werden können. Außerdem stellt die Mediennutzung in der Grundschule selbst ein Modell oder Muster für die Medienverwendung von Kindern dar. Demgemäß sollte in der Grundschule auf eine besonders reflektierte Medienverwendung Wert gelegt werden.
3. Bei allen Maßnahmen, die gegebenenfalls eine Kritik des Medienverhaltens von Kindern beinhalten, ist die Situations- und Bedürfnisabhängigkeit des Medienverhaltens zu bedenken. Kritik erweist sich unter Umständen als (unangemessener) Tadel an Lebensverhältnissen, für die Kinder nicht verantwortlich sind, oder an ihren – von Natur aus – mitgegebenen Bedürfnissen.
4. Maßnahmen, die gegebenenfalls ergriffen werden, um den Medienkonsum von Kindern einzuschränken, greifen letztlich nur dann, wenn die Kinder Handlungsalternativen erfahren können, die ihnen einen höheren oder mindestens gleichwertigen Grad an Bedürfnisbefriedigung verschaffen wie die Mediennutzung.
5. Bei Vorgehensweisen, die auf eine Medienreflexion der Kinder zielen, sollte vermieden werden, Medienangebote, die Kinder gerne nutzen, einfach »madig« zu machen oder grundsätzlich kritisch zu sehen. Dies würde eine Geringschätzung kindlicher Bedürfnisse bedeuten und die gewünschte Auseinandersetzung mit entsprechenden Angeboten bei den Kindern unterlaufen.

Wie sich diese Empfehlungen konkret umsetzen lassen, wird Thema späterer Kapitel sein.

# 3 Mediennutzung als bedürfnis- und situationsbezogene Handlung

> **Hinweise für die Weiterarbeit**
> Rufen Sie sich bitte noch einmal die eingangs geschilderte Lebenssituation von Leon und seine Mediennutzung vor Augen. Vor dem Hintergrund der obigen Ausführungen können Sie nun eine Analyse unter drei Fragen durchführen: Welche der Bedürfnisse von Leon werden in seiner nicht-medialen Lebenssituation vermutlich nicht hinreichend befriedigt? Welche davon kann er durch seine Mediennutzung zur Geltung bringen? In welcher Weise kann dies geschehen?
> Alternativ können Sie auch die Mediennutzung eines Kindes in Ihrem Umfeld unter den genannten Fragen betrachten. Dabei ist gegebenenfalls zu bedenken, dass manche Bedürfnisse, die an die Medien herangetragen werden, zwar grundsätzlich auch im Rahmen der nicht-medialen Lebenssituation befriedigt werden könnten – wobei die Befriedigung entsprechender Bedürfnisse dann unter Umständen jedoch eine größere Anstrengung erforderlich macht.

Um zu erfahren, wie Kinder insgesamt ihre Lebenswelt wahrnehmen und unter welchen sozialen und ökonomischen Bedingungen welche Bedürfnisbefriedigungen eher erfüllt oder gefährdet erscheinen, können Sie einen Blick in die Zusammenfassung der jeweils aktuellen World Vision Kinderstudie werfen (Informationen dazu abrufbar unter): https://www.worldvision.de/informieren/institut/publikationen. Bei weiterem Interesse bietet die jeweilige gesamte Studie zahlreiche Details dazu.

Im nächsten Kapitel geht es um die Frage, welche Bedeutung Erfahrungen und Wissen für das Medienhandeln von Kindern haben.

# 4

# Mediennutzung als erfahrungs- und wissensbezogenes Handeln

Im zweiten Kapitel wurde aufgezeigt, dass das Medienhandeln von Kindern u. a. in Verbindung mit ihren Erfahrungen und ihrem Wissen steht. In diesem Kapitel geht es darum, diesem Zusammenhang weiter nachzugehen, nach wichtigen Erfahrungs- und Wissensgrundlagen für das Medienhandeln zu fragen und Konsequenzen für die Medienerziehung und Medienbildung anzusprechen.

Ausgangspunkt für die weiteren Überlegungen soll der Befund sein, dass einzelne Kinder das Smartphone nicht nur nutzen, um Musik zu hören oder Videos anzuschauen und zu teilen, sondern auch dazu, eigene Fotos oder Videos zu gestalten und zu versenden (vgl. mpfs

2019, S. 18). In diesem Zusammenhang könnte u. a. die im Folgenden skizzierte Situation auftreten.

## 4.1 Beispiel: Linas und Ellas Tanzvideo

> Lina und Ella sind Freundinnen, die sich häufig zu gemeinsamen Aktivitäten am Nachmittag treffen. Dabei schauen sie sich besonders gerne Musikvideos an. Auch ihre Musiklehrerin bespricht hin und wieder einzelne Musikvideos im Unterricht. Außerdem hat sie mit der vierten Klasse in Zusammenarbeit mit der Sportlehrerin ein kleines Tanzvideo produziert, wofür sie vorher die Zustimmung der Eltern eingeholt hat. Beim nächsten Elternabend führen die beiden Lehrerinnen das Video vor. Einige Eltern möchten das Video gern haben und bitten die Lehrerin, ihnen das Video über eine bestehende WhatsApp-Gruppe zuzuspielen. Im Anschluss an das schulische Projekt kommen Lina und Ella auf die Idee, in ihrer Freizeit auch selbst ein kleines Tanzvideo mit ihren Smartphones aufzunehmen. Für das Video nutzen sie als Musik ihren derzeitigen Lieblingssong. Da ihnen das Video gelungen erscheint, senden sie es über ihre WhatsApp-Gruppe an ihre Freundinnen. Auch die Freundinnen sind begeistert und meinen, die beiden sollten ihr Video ins Netz stellen bzw. auf einer Videoplattform hochladen.

Im Zusammenhang mit einer solchen Situation ergeben sich mehrere Fragen, z. B.: Hätten die Lehrerinnen vor der Präsentation des Klassenvideos beim Elternabend die Kinder und die Eltern erneut um Erlaubnis bitten sollen? Wäre es notwendig gewesen, dass Lina und Ella ihre Eltern fragen, ob sie ihr Video über ihre WhatsApp-Gruppe versenden dürfen? Sollen die beiden – falls die Eltern der Verteilung über die WhatsApp-Gruppe zustimmen – noch einmal fragen, ob sie das Video auch ins Netz stellen dürfen? Könnte es wegen der Nutzung eines beliebten Songs Probleme geben, wenn das Video an die WhatsApp-Gruppe verschickt oder auf eine Videoplattform hochgeladen wird? Das Beispiel verweist erneut darauf, dass das Medienhandeln mit den Erfahrungen und dem Wissen der Handelnden zusammenhängt. So wird z. B. eine Lehrerin, die sich schon einmal mit entsprechenden Rechtsfragen auseinandergesetzt hat, in vergleichbaren Situationen anders handeln als eine Lehrkraft, die über keinerlei Erfahrungen und Kenntnisse zu solchen Fällen verfügt. Auch Kinder, die für Fragen des Datenschutzes und des Urheberrechts sensibilisiert sind, werden vermutlich anders vorgehen als Kinder, die noch nie etwas dazu gehört haben.

In dem Beispiel sind Erfahrungen und Wissen zur Aufnahme von Videos sowie zu rechtlichen Bedingungen der Mediennutzung wichtig. Ausgehend von dem Beispiel ergibt sich die allgemeine Frage, welche Erfahrungen und welches Wissen beim Medienhandeln von Kindern zum Tragen kommen können. Aus medienpädagogischer Sicht ist damit die Frage verbunden, welche Erfahrungen und welches Wissen für das Medienhandeln von Kindern wünschenswert sind.

## 4.2 Zu Erfahrungen von Kindern in Medienzusammenhängen

Grundschulkinder verfügen in der Regel über vielfältige Erfahrungen zum Medienhandeln. Diese gehen jeweils als Bedingungen in das aktuelle Medienhandeln ein. Dabei können sich die Erfahrungen in unterschiedlichen Situationen ergeben.

Zunächst stellt die *Beobachtung der Mediennutzung* anderer Personen eine wichtige Quelle der Erfahrung dar. In diesem Zusammenhang spielt das Medienhandeln in der *Familie*, z. B. von Eltern oder von älteren Geschwistern, eine große Rolle. Deren Mediennutzung entnehmen Kinder, was man mit welchen Medien machen kann. Wenn sie beispielsweise erleben, dass Eltern die Zeitung oder Bücher lesen, Radio hören, Fernsehbeiträge anschauen und/oder häufig vor dem Computer sitzen oder ältere Geschwister das Smartphone zu ihrem ständigen »Begleiter« gemacht haben, dann werden sie entsprechende Gewohnheiten für bedeutsam halten und gegebenenfalls auch versuchen, einen Zugang zu solchen Medien zu erhalten. Dabei geht es zugleich um die Art der Nutzung. Wenn Kinder z. B. feststellen, dass Eltern Nachrichten stets im Fernsehen anschauen, hin und wieder Fotos oder kleinere Videoaufnahmen mit dem Smartphone machen oder Geschwister das Smartphone vor allem für die Kommunikation mit anderen oder zum Spielen verwenden, entwickelt sich die Vorstellung, dass das Fernsehen ein wichtiges Informationsmedium ist und dass sich das Smartphone besonders gut für eigene Fotos oder Videos sowie für Kommunikation und Spiel nutzen lässt. Entsprechende Beobachtungen finden allerdings nicht nur in der Familie statt, sondern auch im Kreis der Gleichaltrigen. Insofern haben auch die Mediengewohnheiten in der *Gleichaltrigen-Gruppe* eine große Bedeutung. Des Weiteren bieten die Institutionen, die Kinder besuchen, eine Quelle der Erfahrung. So spielt beispielsweise eine Rolle, ob und wie bereits in der *Kita* mit Medien, z. B. mit Kinderbüchern oder Hör- und Bildmedien, gearbeitet wurde. Auch der Medienverwendung in der *Schule* kommt eine wichtige Funktion zu. Dort können Kinder gegebenenfalls erfahren, welche Medien – vom Schulbuch bis zum computerbasierten Lernprogramm – man *wie* zum Lernen nutzen kann. Darüber hinaus machen Kinder in der Schule unter Umständen die Erfahrung, dass man Medien nicht nur für einen bestimmten Zweck verwenden, sondern auch über Medien nachdenken und Wissen über sie erwerben sollte. Schließlich können Kinder auch dort erleben, dass sich mediale Möglichkeiten zur eigenen Gestaltung von Medienbeiträgen nutzen lassen.

Außer der Beobachtung von Medienhandeln bietet die eigene *Mediennutzung* der Kinder ein umfangreiches Erfahrungsfeld. Dabei können u. a. Begrenzungen der Mediennutzung durch Eltern, die gemeinsame Nutzung und dabei notwendige Abstimmungen mit Eltern oder Freundinnen und Freunden sowie auftretende Konflikt-

## 4.2 Zu Erfahrungen von Kindern in Medienzusammenhängen

fälle erfahrbar werden. Zugleich spielt für die Erfahrung der Kinder eine Rolle, was sie während der *Nutzung* medialer Angebote und Möglichkeiten selbst erleben. Dies betrifft zum einen Erfahrungen mit verschiedenen *Nutzungsformen* – von der rezeptiven Nutzung, z. B. beim Anschauen eines Sketches auf dem Smartphone, über die interaktive Nutzung, z. B. beim WhatsApp-Chat, bis zur produktiven Nutzung, z. B. beim Fotografieren eines Selfies. Zum anderen geht es um Erfahrungen bei unterschiedlichen *Nutzungszwecken* – von der Mediennutzung für Information und Lernen über die Nutzung für Unterhaltung und Spiel bis zur Nutzung für Austausch und Kooperation. Des Weiteren ergeben sich Erfahrungen mit dem *Angebot an medialen Möglichkeiten* – von spezifischen Angeboten für Kinder bis zum allgemeinen Angebot. Dabei kommen Kinder zugleich mit der *Medienlandschaft* und einzelnen ihrer Merkmale in Berührung, z. B. mit der Vielzahl der Angebote und Zugangsmöglichkeiten sowie mit der Mannigfaltigkeit der Gestaltungsformen und Inhalte. Außerdem können sie so mit technischen, rechtlichen oder auch – wenn es um Kostenfragen geht – mit ökonomischen und institutionellen *Bedingungen* medialer Möglichkeiten konfrontiert werden. Außerdem erleben Kinder, dass die Medienrezeption bei ihnen bestimmte *Gefühle* hervorrufen kann – von Spaß und Vergnügen über Mitleid, Anspannung und Entspannung bis zu Angst, Wut und Schrecken. Darüber hinaus können Erfahrungen bei der eigenen Gestaltung bewusstmachen, dass bei Medienangeboten – etwa bei Fotos und Videos – verschiedene *Gestaltungstechniken,* z. B. Nahaufnahme oder Totale, zur Anwendung kommen.

Diese Hinweise zeigen, wie vielfältig die Erfahrungen von Kindern in Medienzusammenhängen sein können. Allerdings haben die Ausführungen im ersten und dritten Kapitel auch verdeutlicht, dass sich die Lebenssituationen der Kinder erheblich unterscheiden. So sind das jeweilige Elternhaus, die gegebenenfalls besuchte Kita, die unterschiedlichen Gleichaltrigen und die jeweilige Schule mitentscheidend, welche Medienerfahrungen vom einzelnen Kind gemacht werden. Die damit verbundene Unterschiedlichkeit der Medienerfahrungen von Kindern spiegelt sich auch in empirischen Untersuchungen wider, z. B. in der KIM-Studie (vgl. mpfs 2019). Dabei wird u. a. deutlich, dass Themeninteressen, Freizeitgestaltung, Ausstattungen, Nutzungshäufigkeiten, Nutzungsarten, Verwendungszusammenhänge und Nutzungskontexte jeweils eine beträchtliche Spannbreite aufweisen.

## 4.3 Zum Wissen von Kindern *über* Medien

Bei ihren Erfahrungen entwickeln Kinder Wissen, das für zukünftiges Handeln bedeutsam werden kann. In etwas detaillierterer Weise lässt sich dieser Vorgang auch so beschreiben: Bei der Erfahrung werden eigene Aktivitäten und Beobachtungen oder – durch Personen oder Medien – vermittelte Informationen bzw. Botschaften gedanklich verarbeitet, sodass sich Wissen ausbildet, welches für zukünftiges Wahrnehmen, Verhalten, Denken und Tun verfügbar ist. Dabei ist der Verarbeitungsprozess *nicht* als einfache Abbildung von externen Eindrücken im Gedächtnis zu verstehen, sondern als ein Konstruktionsprozess, aufgrund dessen externe Eindrücke intern repräsentiert werden. Wenn ein Kind z. B. einen dokumentarischen Film zu einem Zoobesuch sieht, so bildet es diesen Film nicht einfach im Gedächtnis ab, sondern konstruiert – gegebenenfalls in Verbindung mit bereits vorhandenem Wissen – gedanklich eine Vorstellung zum Thema Zoo, die wirksam wird, wenn es später das Wort Zoo hört. Zugleich hat das Kind gelernt, dass man Medien Informationen zu unterschiedlichen Sachverhalten bzw. Inhalten entnehmen kann. Demgemäß ist das so entstehende Wissen zum einen auf Medienzusammenhänge bezogen (z. B.: Medien können der Information dienen) und zum anderen auf nicht-medienbezogene Inhalte (hier z. B. auf das Thema Zoo). Dabei kann das jeweilige Wissen unterschiedliche Eigenschaften aufweisen.

Zunächst lässt sich zwischen *implizitem* und *explizitem* Wissen unterscheiden. Wenn ein Kind beispielsweise bei einem Konsolenspiel die Bedienung souverän beherrscht, aber Schwierigkeiten hat, die

## 4.3 Zum Wissen von Kindern *über* Medien

Bedienung den Eltern in verbaler Form zu erklären, oder bei einem Jump and Run-Spiel über bestimmte Taktiken verfügt, diese aber kaum verbal erläutern kann, dann besitzt es (nur) implizites Wissen. Erst wenn das Kind in der Lage ist, die Bedienung und seine Spieltaktiken auch für andere nachvollziehbar zu beschreiben, kann man von explizitem Wissen sprechen. Insgesamt ist davon auszugehen, dass Kinder im Medienbereich – neben explizitem Wissen – über vielfältiges implizites Wissen verfügen. Allerdings ist letzteres unter Umständen in schulischen Prozessen, die häufig auf sprachlicher Kommunikation basieren, nicht direkt erkennbar und gegebenenfalls schwer einzuschätzen.

Eine weitere wichtige Unterscheidung bezieht sich auf *deklaratives* und *prozedurales* Wissen. Wenn ein Kind z. B. verschiedene Suchmaschinen nennen und gegebenenfalls ihre Besonderheiten beschreiben kann sowie den Unterschied zwischen Werbung und anderen medialen Beiträgen zu skizzieren vermag, so verfügt es diesbezüglich über deklaratives Wissen. Falls das Kind darüber hinaus die Suchmaschinen für eine ergiebige Informationsrecherche nutzen und beim Anschauen von Fernsehsendungen zwischen Werbung und Informations- oder Unterhaltungsangeboten unterscheiden kann, besitzt es auch prozedurales Wissen. In diesem Zusammenhang lässt sich auch noch *strategisches* Wissen oder *Meta-Wissen* als weitere Wissensart nennen. Ein solches Wissen läge vor, wenn ein Kind beispielsweise – bezogen auf das Thema der Suchmaschinen – wüsste, wo es sich über diese und ihre Vor- und Nachteile sowie über ihre sachgerechte Anwendung informieren und wie es sich entsprechende Fähigkeiten aneignen kann. Grundschulkinder werden in vielen Fällen allerdings eher über deklaratives und prozedurales als über strategisches Wissen verfügen.

Außerdem ist die Unterscheidung zwischen *episodischem* und *systematischem* Wissen bedeutsam. Von episodischem Wissen spricht man, wenn die jeweiligen Wissenselemente eng mit erlebten Eindrücken bzw. Situationen verbunden sind, während systematisches Wissen dadurch gekennzeichnet ist, dass das Wissen auf Zusammenhänge gerichtet ist und einen Rahmen darstellt, der es u. a. ermöglicht, einzelne Erscheinungen einzuordnen und einzuschätzen. Wenn das Wissen eines Kindes über Vorabendserien z. B. den jeweils gesehenen einzelnen Folgen verhaftet bleibt, handelt es sich um episodisches Wissen; wenn dem Kind zudem übergreifende Merkmale von Vorabendserien bewusst sind – z. b. Spannungserzeugung durch bestimmte Gestaltungsmittel, Bindung der Zuschauer durch Identifikationsmöglichkeiten mit den Figuren, ungeklärte Situationen als Motivation zum Weiterschauen, Verbindungen zur Werbung als Einnahmequelle – und es so konkrete Gestaltungen einordnen kann, dann verfügt es über systematisches Wissen. Allerdings ist davon auszugehen, dass Kinder im Medienbereich – sofern sie in der Schule (noch) keine systematischen Zugänge zu Medienfragen kennengelernt haben – in der Regel vor allem episodisches Wissen besitzen.

Eine gerade auch für Medienzusammenhänge wichtige Unterscheidung betrifft die Differenzierung zwischen *faktengerechtem* und *irreführendem* Wissen (bezogen auf die Wirklichkeit). Faktengerechtes Wissen ist dadurch gekennzeichnet, dass es in sachlich richtiger Weise Beobachtbarem oder empirisch Feststellbarem entspricht, während dies bei irreführendem Wissen nicht der Fall ist. Irreführendes Wissen kann bei Kindern z. b. durch mediale Angebote oder durch Bezugspersonen entstehen, wenn Fakten bzw. empirisch nachweisbare Zusammenhänge ignoriert oder bewusst oder unbewusst verfälscht werden, gegebenenfalls auch in Kopplung mit Verschwörungstheorien. So konnte beispielsweise schon Kindern die öffentlich-rechtliche Berichterstattung zur Corona-Krise – je nach Kommentaren von älteren Bezugspersonen oder dem, was sie gegebenenfalls dazu in sozialen Netzwerken gelesen hatten – als weitgehend vertrauenswürdig oder als Produkt der »Lügenpresse« erscheinen. Im ersten Fall würde es sich dann – im Hinblick auf medienbezogenes Wissen zur öffentlich-rechtlichen Berichterstattung – eher um eine faktengerechte und im zweiten Fall eher um eine irreführende Einschätzung handeln. Irreführende Vorstellungen können allerdings nicht nur durch Ignoranz oder manipulative Verfälschungen entstehen, sie können sich auch durch fiktionale Darstellungen von Sachverhalten entwickeln, z. B. durch die Art der Darstellung von Frauen oder Männern in der Werbung oder in Unterhaltungssendungen.

Die Frage nach der Entstehung von faktengerechtem und irreführendem Wissen verweist darauf, dass es für das Medienhandeln auch wichtig ist zu überlegen, welches Wissen *durch* die Medien selbst vermittelt wird oder vermittelt werden kann. Dazu ist es zunächst sinnvoll, die Frage nach dem Erwerb von Wissen *durch* Medien in den Kontext von Erfahrungsformen zu stellen.

## 4.4 Erfahrungsformen und Wissenserwerb *durch* Medien

Erfahrungen können in verschiedener Art und Weise gemacht werden. So kann einem Kind z. B. das Thema Zugfahrt dadurch bekannt werden, dass es selbst mit seinen Eltern eine Reise mit der Bahn ausführt. Es kann aber auch sein, dass die Eltern dem Kind eine Spielzeugeisenbahn schenken, sodass der Begriff der Zugfahrt über ein Spielzeug bzw. ein kleines Modell erfahren wird. Des Weiteren ist es denkbar, dass ein Kind Bilder von einer Zugfahrt oder einen Film über Eisenbahnen anschaut. Schließlich ist es möglich, den Sachverhalt einer Zugfahrt über mündliche oder schriftliche Erzählungen kennenzulernen.

Ausgehend von diesem Beispiel lassen sich vier Grundformen der Erfahrung unterscheiden: die reale Form, die modellhafte Form, die abbildhafte Form und die symbolische Form. Die *reale Form* ergibt sich beim Handeln oder bei Beobachtungen in der Realität, z. B. bei der unmittelbaren Begegnung mit Personen oder Tieren und beim direkten Umgang mit Gegenständen. Die *modellhafte Form* der Erfahrung besteht in der Nutzung oder dem Betrachten von Möglichkeiten, bei denen z. B. ein Gegenstand in verkleinerter dreidimensionaler Form vorliegt oder eine Situation in einem Rollenspiel gestaltet wird. Die *abbildhafte Form* ist gegeben, wenn etwas Vorhandenes oder Gedachtes in Bild, Ton oder Film dargestellt wird, z. B. Menschen,

## 4 Mediennutzung als erfahrungs- und wissensbezogenes Handeln

Tiere, Vorgänge oder Ereignisse, wobei sowohl die visuelle als auch die akustische Komponente eines Geschehens abgebildet sein können. Die *symbolische Form* ist dadurch gekennzeichnet, dass für die Präsentation von Gegebenheiten oder Ideen Symbole verwendet werden, wie es z. B. bei der sprachlichen Darstellung durch Worte oder bei der Nutzung nicht-sprachlicher Zeichen – in Landkarten etwa Höhenlinien oder Symbole für Burgen – geschieht.

Die Erfahrungsformen, durch die Kinder mit verschiedenen Inhalten in Berührung kommen, sind mitentscheidend für die Vorstellungen, die sie von den Inhalten entwickeln. Beispielsweise wird ein Kind, das den Inhalt »Zugfahrt« durch einen Ausflug mit seinen Eltern selbst erlebt, andere Vorstellungen mit dem Thema verbinden als ein Kind, dem nur von einer Zugfahrt erzählt wird. Insgesamt ist das Wissen zu den jeweiligen Themen durch die Erfahrungsformen mitbedingt, über die das entsprechende Wissen erworben wurde.

Dabei ist zunächst zu beachten, dass modellhafte, abbildhafte und symbolische Formen der Erfahrung eine Reduktion im Vergleich zur realen Form darstellen. Beispielsweise können Kinder, die eine Giraffe oder ein Seepferdchen nur über Bilder ohne Vergleichsmöglichkeiten zu Personen oder Gegenständen kennengelernt haben, keine angemessenen Vorstellungen über deren Größe entwickeln. Insofern ist es grundsätzlich wünschenswert, dass Vorstellungen und Wissen aus Erfahrungen in der Wirklichkeit erwachsen. Mögliche Begrenzungen einzelner Erfahrungsformen können allerdings – mindestens teilweise – durch eine Kombination verschiedener Erfahrungsformen ausgeglichen werden. Beispielsweise kann das Bild einer Giraffe oder eines Seepferdchens durch sprachliche Äußerungen hinsichtlich der Größe kommentiert werden, sodass in diesem Fall die abbildhafte Erfahrungsform mit der sprachlich-symbolischen Erfahrungsform verbunden ist.

Die obigen Hinweise zeigen, dass jede Interaktion des Menschen mit seiner Umwelt an bestimmte Erfahrungsformen gebunden ist, die Konsequenzen für den Erwerb von Wissen haben. Insofern sollte bezüglich des Wissens von Kindern immer auch bedacht werden, auf welchen Erfahrungsformen es beruht oder – im Falle von Vermitt-

## 4.4 Erfahrungsformen und Wissenserwerb *durch* Medien

lungsabsichten – beruhen sollte. Zugleich ergibt sich aus den Überlegungen, dass die Unterscheidung zwischen realen und medialen Erfahrungsformen von Bedeutung für die Bildung von Vorstellungen über die Wirklichkeit ist, wobei die modellhaften, die abbildhaften und die symbolischen Erfahrungsformen den medialen Erfahrungsformen zuzurechnen sind.

Im Rahmen der medialen Erfahrungsformen spielen die *technischen Medien*, auf die auch die Überlegungen im ersten Kapitel im Wesentlichen bezogen waren, eine wichtige Rolle. Dabei sind technische Medien allgemein dadurch gekennzeichnet, dass potenzielle Zeichen, z. B. geschriebene oder gesprochene Wörter und unbewegte oder bewegte Bilder, für kommunikative Zusammenhänge mit technischer Hilfe aufgenommen bzw. erzeugt, übertragen, gespeichert und – gegebenenfalls nach Verarbeitung – wiedergegeben bzw. in abbildhafter oder symbolischer Form unter Nutzung verschiedener Sinnesmodalitäten präsentiert werden (vgl. Tulodziecki, Herzig u. Grafe 2021, S. 33). Beispiele reichen vom Buch bis zu den digitalen Medien, einschließlich dreidimensionaler virtueller Räume.

Wenn bei der Nutzung technischer Medien gemäß den obigen Überlegungen auch Grenzen bezüglich des Erlebens von Wirklichkeit gesetzt sind, so bieten sie doch vielfältige Möglichkeiten der Erfahrung. Diese beruhen zunächst darauf, dass mediale Darstellungen zeit- und ortsunabhängig sowie losgelöst vom Urheber zur Verfügung stehen, dabei beliebig wiederholt und grundsätzlich unbegrenzt verbreitet werden können. Dabei lassen sich durch technische Medien auch Erfahrungen ermöglichen, die sonst aus räumlichen, gefährdungsbezogenen, zeitlichen oder anderen Gründen für Kinder nicht zugänglich wären. So können z. B. Ereignisse, die an anderen Orten der Welt stattfinden, chemische Experimente, deren Durchführung im Klassenzimmer zu gefährlich wäre, historische Geschehnisse sowie Vorgänge im Weltall oder im Mikrobereich mithilfe technischer Medien dargestellt werden.

Zudem erlauben es technische Medien bzw. mediale Erfahrungsformen nicht nur Sachverhalte zu präsentieren, die sich auf eine mit dem Seh- oder Hörsinn erfahrbare Wirklichkeit beziehen, sondern auch Ideen oder Fantasieprodukte, die keine Entsprechung in der mit den Sinnen erfahrbaren Wirklichkeit haben. Dabei kann es sich z. B. um den Versuch handeln, Ideen darzustellen, die über die empirische Erfahrung hinausgehen, wie es etwa in Kunstwerken zu Himmel, Hölle, Jüngstem Gericht, Fegefeuer oder Gott geschieht, oder um fiktionale Darstellungen, bei denen Elemente von Wirklichkeit aufgenommen und dann verändert und erweitert werden. Solche Veränderungen oder Erweiterungen ergeben sich u. a. bei einer von der Realität losgelösten Erzählung zu historisch bedeutsamen Persönlichkeiten, bei der dramatischen Verdichtung grundsätzlich möglicher Situationen, z. B. in Spielfilmen, bei der fantasievollen Übertragung menschlicher Fähigkeiten auf andere Wesen oder Figuren, z. B. in Filmen mit sprechenden und singenden Tieren, sowie bei der medialen Ausgestaltung utopischer oder dystopischer Visionen, z. B. in Science-Fiction-Filmen. Darüber hinaus kann die Entkoppelung von Wirklichkeit und medialer Darstellung auch dazu führen, dass bewusst oder unbewusst empirisch Falsches verbreitet wird.

## 4.5 Gestaltungsmöglichkeiten von medialen Botschaften

Im Kontext der oben skizzierten Erfahrungsformen zeichnen sich technische Medien nicht nur dadurch aus, dass sie sich auf unterschiedliche Bereiche bzw. Inhalte beziehen können, sie bieten auch vielfältige formale Gestaltungsmöglichkeiten. Deren Kenntnis eröffnet für Kinder die Chance, verschiedene Medienangebote einzuordnen und hinsichtlich ihrer Vor- und Nachteile zu unterscheiden sowie angemessene Gestaltungsmöglichkeiten für eigene Medienbeiträge zu nutzen. Mit Blick auf die Medienerziehung und Medienbildung in der Grundschule lassen sich u. a. nennen:

## 4.5 Gestaltungsmöglichkeiten von medialen Botschaften

- *Darstellungsformen:* Dabei können verschiedene Erfahrungsformen, z. B. abbildhafte oder symbolische, mit unterschiedlichen *Sinnesmodalitäten,* z. B. Seh- oder Hörsinn, verbunden sein. In diesem Zusammenhang werden die Erfahrungsformen und mögliche Differenzierungen dazu auch als *Codierungsart* bezeichnet. Beispielsweise führt die abbildhafte Codierungsart in Verbindung mit der auditiven Sinnesmodalität zum Tonfilm als Darstellungsform.
- *Gestaltungstechniken:* Jede Darstellungsform verfügt über bestimmte Gestaltungstechniken. Beim Film sind dies z. B. Einstellungsgrößen wie Totale oder Nahaufnahme; beim Hörspiel gibt es z. B. Lautstärkeregelungen und Musikuntermalungen; beim schriftlichen Text lassen sich z. B. bestimmte Stellen durch Kursiv- oder Fettdruck hervorheben.
- *Gestaltungsformen:* Hierbei geht es z. B. um die Unterscheidung zwischen Nachricht, Kommentar, Bericht, Moderation, Werbung, Spielszene, Reportage oder Simulation. Diese können jeweils in unterschiedlichen Medienarten zur Geltung kommen. So gibt es beispielsweise Nachrichten in Zeitungen, im Fernsehen, im Radio und im Internet.
- *Erzeugungsart:* Mediale Botschaften können entstehen durch: (a) Auftragen bestimmter Substanzen auf einen materialen Träger, z. B. Farben auf eine Leinwand, (b) technische Einschreibungen in ein Trägermaterial, z. B. bei Bild- oder Tonaufzeichnungen auf Magnetband, (c) Übertragung aufgenommener technischer Signale, z. B. bei Fernsehen und Radio, (d) algorithmische bzw. automatisierte Prozesse der Datenverarbeitung, z. B. bei automatisch erzeugten Beiträgen in sozialen Netzwerken.

Durch die obigen Überlegungen wird (noch einmal) deutlich, dass sich für den Wissenserwerb *durch* Medien zum einen vielfältige – über die reale Erfahrung hinausgehende – Möglichkeiten ergeben, zum anderen aber auch die Gefahr der Ausbildung irreführender oder sachlich falscher Vorstellungen vorhanden ist. Dabei kann der Wissenserwerb durch Medien beiläufig oder intentional erfolgen. Beiläufig geschieht er, wenn Kinder sich z. B. dem beliebten digitalen

Spiel »Sims« widmen und dabei etwas über die Gestaltung von Häusern oder die Einrichtung von Wohnungen lernen. Intentionaler Wissenserwerb findet statt, wenn ein Kind beispielsweise aus eigenem Antrieb oder aufgrund eines Auftrags von Erziehungs- oder Lehrpersonen eine Internetrecherche zum Thema Haustiere ausführt. Dies verweist darauf, dass medienbezogenes Wissen nicht nur mit dem zusammenhängt, was in den Medien selbst zu finden ist, sondern auch mit der Rezeptionssituation, die z. B. durch einen familiären oder schulischen Rahmen gegeben sein kann.

## 4.6 Bedeutung für Erziehung und grundlegende Bildung

Aus den obigen Überlegungen ergeben sich verschiedene Schlussfolgerungen für das Lernen und Lehren *mit* und *über* Medien:

1. Soweit es möglich ist, sollte Lernen und Lehren mit Bezug auf Erfahrungen in der Wirklichkeit erfolgen. Allerdings bedeutet dies nicht, dass Lernen und Lehren immer mit realen Erfahrungsformen beginnen müsste. Erstens kann dort, wo bereits reale Erfahrungen vorliegen, auf diese zurückgegriffen werden. Wenn eine Lehrkraft z. B. das Verhalten von Eichhörnchen besprechen möchte und die Kinder bereits Eichhörnchen in ihrem Umfeld gesehen oder gar beobachtet haben, kann auf die dabei entwickelten Vorstellungen Bezug genommen werden. Zweitens bietet es sich bei komplexen Themen oder Sachverhalten gegebenenfalls an, zunächst mit schematischen Darstellungen zu beginnen und diese mit sprachlichen Darstellungen zu begleiten. So ist es beispielsweise sinnvoll, vor einem Besuch bei einer Postdienststelle zunächst den Weg eines Briefes vom Einwurf in den Briefkasten bis zur Auslieferung anhand einer schematischen Skizze zu erläutern. Grundsätzlich

## 4.6 Bedeutung für Erziehung und grundlegende Bildung

sollte allerdings bei einer Kenntnisvermittlung über nicht-reale Erfahrungsformen versucht werden, Bezüge zu Erfahrungen in der Wirklichkeit zu ermöglichen bzw. herzustellen.

2. Es sollte stets überlegt werden, welches Wissen Kinder zu dem jeweiligen Unterrichtsthema (als Lernvoraussetzung) mitbringen und über welche Erfahrungsformen es gegebenenfalls erworben wurde. Dabei ist besonders zu beachten, dass in der Grundschule als gemeinsamer Schulform für alle Kinder in der Regel ein weites Spektrum an Vorerfahrungen und damit auch sehr unterschiedliche Vorkenntnisse vorliegen können. Die so gegebene Heterogenität stellt eine besondere Herausforderung für jede Lehrkraft dar. Dies kann einerseits zu Problemen führen, bietet zugleich aber auch Chancen für Lernprozesse. Letztere lassen sich insbesondere durch eine lernförderliche Strukturierung von Lehr- und Lernprozessen nutzen (ausführliche Projektbeschreibungen dazu: ▶ Kap. 7.1 und 8.1). Im Zusammenhang mit dem möglichen Vorwissen von Kindern sollte auch bedacht werden, ob es sich eher um implizites oder explizites, um deklaratives oder prozedurales Wissen handelt. Zudem ist zu bedenken, welche irreführenden Vorstellungen vorhandenes Wissen möglicherweise enthält. Des Weiteren wird im Regelfall vor allem episodisches Wissen vorhanden sein. In Abhängigkeit von solchen Einschätzungen geht es bei der Planung von Unterrichtseinheiten und Projekten u. a. darum, Möglichkeiten für ein konstruktives Einbringen von Vorerfahrungen und Vorwissen zu schaffen, gegebenenfalls implizites Wissen kommunizierbar zu machen, irreführende Vorstellungen in faktengerechtes deklaratives oder prozedurales Wissen zu überführen und (nur) episodisches Wissen in Richtung systematischen Wissens weiterzuentwickeln (die Abschnitte 7.1, 7.3, 8.1 und 8.4 enthalten dafür Umsetzungsbeispiele).

3. Lernen und Lehren sollten auch auf den Erwerb von Wissen *über* Medien gerichtet sein. Dabei kann sich das Wissen auf allgemeine *Besonderheiten medialer Erfahrung* im Kontext verschiedener Erfahrungsformen und auf die *Gestaltungsmöglichkeiten bei technischen Medien* beziehen (▶ Kap. 4.3 und 4.4). Des Weiteren ist es wichtig,

dass Kinder auf *Einflüsse von Medien* auf Emotionen, Vorstellungen und Verhaltens- sowie Wertorientierungen und soziale Zusammenhänge aufmerksam gemacht werden (▶ Kap. 1.4). Außerdem geht es um bereits erfahrene oder zu erkundende Merkmale der *Medienlandschaft* und um eine erste Annäherung an *digitale Grundlagen* (▶ Kap. 1.3). Schließlich sind rechtliche *Bedingungen der Medienherstellung und Medienverbreitung*, z. B. Urheberrecht, Datenschutz und Jugendschutz, anzusprechen und darüber hinaus auch technische, institutionelle und ökonomische Bedingungen (▶ Kap. 1.3). Die vier genannten Themenkreise können in der Grundschule zwar nicht umfassend behandelt werden, es ist jedoch wünschenswert, sie mindestens exemplarisch anzusprechen und ins Bewusstsein der Kinder zu heben. Dazu werden in Kapitel 8 einzelne Unterrichts- oder Projektideen skizziert sowie Hinweise auf weitere Unterrichts- und Projektbeispiele gegeben.

**Hinweise für die Weiterarbeit**
Vergegenwärtigen Sie sich bitte noch einmal das Eingangsbeispiel. Bezogen darauf können Sie nun folgenden Fragen nachgehen:
Über welches Wissen zu Urheberrechts- und Datenschutzfragen sollten die Musik- und die Sportlehrerin bezüglich der Erstellung und Verbreitung ihres – mit Kindern aufgenommenen – Tanzvideos verfügen? Sie können dazu im Internet mit entsprechenden Suchwörtern die notwendigen – auf die gegenwärtige Rechtslage bezogenen – Informationen finden.
Welche Erfahrungen haben Lina und Ella wahrscheinlich auf die Idee gebracht, selbst ein Video aufzunehmen? Welche Bedeutung kam dabei möglichem Wissen zum Tanzen und zur Gestaltung eines Tanzvideos zu? In welchen Erfahrungsformen könnten sie ein entsprechendes Wissen und Können erworben haben?
Welches Wissen wäre bei den beiden wünschenswert: (a) zu Gestaltungsfragen bezüglich des Videos, (b) zu Urheberrechtsfragen bezüglich der verwendeten Musik sowie (c) zu Datenschutzfragen bezüglich der Verbreitung von Kinderfotos?

## 4.6 Bedeutung für Erziehung und grundlegende Bildung

> Um darüber hinaus einmal Elemente expliziten Wissens von Kindern zu einzelnen Themen zu erkunden, die sowohl durch reale als auch mediale Erfahrungsformen bedingt sind, können Sie Kindern in Ihrem Umfeld einfach einen Begriff vorgeben, z. B. Polizei, Post, Klima, Tiere, Schönheit, Natur, Sport o. ä. Bitten Sie die Kinder aufzuschreiben, was ihnen spontan zu dem jeweiligen Begriff einfällt. Die spontanen Äußerungen können dann daraufhin analysiert werden, ob sie vermutlich eher der medialen oder eher der nicht-medialen Erfahrung entstammen.

Um die Überlegungen zu wichtigen Bedingungen kindlichen Medienhandelns abzurunden, geht es im folgenden Kapitel um Fragen der intellektuellen und sozial-moralischen Entwicklung.

5

# Mediennutzung als entwicklungsbezogenes Handeln

Bei den Überlegungen zu Bedingungen des Medienhandelns von Kindern (▶ Kap. 2) ist deutlich geworden, dass die Mediennutzung von Kindern nicht nur als situations- und bedürfnis- sowie erfahrungs- und wissensbezogene Tätigkeit, sondern auch als entwicklungsbezogenes Handeln zu verstehen ist. Deshalb sollen in diesem Kapitel die Entwicklungsbezüge des Medienhandelns in besonderer Weise in den Blick genommen werden, ehe Schlussfolgerungen für die Medienerziehung und Medienbildung zu ziehen sind.

Für entsprechende Überlegungen dient wieder eine Alltagssituation als Ausgangspunkt. Hintergrund dafür sind empirische Ergebnisse, die zeigen, dass das Fernsehen nach wie vor sehr beliebt bei Kindern ist, während Bücher deutlich weniger gelesen werden (vgl. mpfs 2019, S. 14). Dabei sehen Eltern das Medium Buch als besonders wichtig für den Schulerfolg an (vgl. mpfs 2019, S. 65). Insofern kann man sich vorstellen, dass in Familien hin und wieder Situationen der folgenden Art entstehen.

## 5.1 Beispiel: Felix – Fernsehserie oder Kinderbuch?

Felix hat sich angewöhnt, jeden Abend vor dem Abendessen eine Fernsehserie anzuschauen. Die Fernsehserie ist auch bei seinem Freund beliebt und mit diesem spricht er häufiger auf dem Weg zur Schule über die jeweils aktuelle Folge. Als er sich eines Abends wieder zum Fernseher begibt, sagt die Mutter, er solle doch anstelle des Fernsehens lieber in seinem neuen Kinderbuch – einem Geschenk zum Geburtstag – lesen. Außerdem habe er am Nachmittag schon einen Film angeschaut und das Lesen sei für ihn besonders wichtig – so habe auch seine Lehrerin beim letzten Elternsprechtag angemerkt, dass er noch Schwierigkeiten damit hat, und ihr empfohlen, darauf zu achten, dass er zuhause häufiger liest. Auch in der Vergangenheit hat die Mutter Felix schon mehrmals angehalten zu lesen, statt ständig fernzusehen. Wenn Felix in solchen Situationen trotzdem ferngesehen hat, war die Mutter zwar mürrisch, hat ihn aber nie direkt bestraft.

Wenn man Kindern zum Ende einer dritten oder im Laufe einer vierten Klasse diesen Fall mit der Frage vorlegt, ob Felix an diesem Abend erneut das Fernsehen vorziehen oder doch lieber in seinem Buch lesen sollte, kann man mit Argumenten folgender Art rechnen:

(1a) Er ist es gewohnt und freut sich darauf, am Abend fernzusehen. Er muss ja nicht befürchten, bestraft zu werden. Deshalb sollte er ruhig die neue Folge der Serie anschauen.
(1b) Er sollte seiner Mutter gehorchen und in seinem Buch lesen. Sonst würde sie ihn diesmal vielleicht bestrafen.
(2a) Er könnte aufgrund des Wunsches der Mutter zwar überlegen, ob er doch lesen sollte, aber das ist bestimmt nicht so spannend wie die Fernsehserie. Da er sehr neugierig ist, wie die Serie weitergeht, und seinen Spaß haben will, sollte er doch fernsehen.
(2b) Wenn er das Fernsehen dem Lesen vorzieht, ist die Mutter sauer und er hätte auch nicht geübt. Also sollte er doch sein Buch lesen. Vielleicht erfüllt ihm die Mutter dann bei der nächsten Gelegenheit auch einen Wunsch.
(3a) Wenn er im Buch liest, wäre die Mutter zwar zufrieden und er würde sein Lesen verbessern, aber er weiß dann nicht, wie die Serie weitergeht, und sein Freund wäre am nächsten Morgen enttäuscht, weil er sich nicht mit ihm darüber unterhalten könnte. Also sollte er doch lieber die Fernsehserie anschauen.
(3b) Wenn er wieder fernsieht, statt zu lesen, ist seine Mutter enttäuscht. Auch die Lehrerin wäre weiterhin mit seinem Lesen unzufrieden. Allerdings müsste er seinem Freund erklären, warum er die Serie nicht angeschaut hat. Vielleicht könnte er die Folge aber auch aufzeichnen oder nach dem Abendessen in der Mediathek anschauen und jetzt erst in seinem Buch lesen. Dann wäre die Mutter zufrieden, er selbst wüsste über die neue Folge Bescheid und auch mit seinem Freund könnte er darüber sprechen.

Mit Blick auf Argumente solcher Art stellt sich die Frage, welche Arten des Denkens und welche Urteilsformen sich in den Äußerungen widerspiegeln. Mit entsprechenden Kenntnissen ist es möglich, Äußerungen von Kindern zu ähnlichen Fällen vorherzusehen und konkrete Äußerungen einzuordnen. Dies bietet dann Ansatzpunkte für die Förderung der intellektuellen und sozial-moralischen Entwicklung im Rahmen der Medienerziehung und Medienbildung.

## 5.2 Arten des Denkens und intellektuelle Entwicklung

Die obigen beispielhaften Äußerungen lassen sich erstens danach unterscheiden, *wie viele Handlungsmöglichkeiten* erwogen werden. So kommt bei den Überlegungen (1a) und (1b) praktisch nur eine Möglichkeit ernsthaft in Betracht: entweder fernsehen oder lesen. In den Argumentationen (2a) und (2b) geraten demgegenüber jeweils beide Möglichkeiten in den Blick, während in der Überlegung (3b) zusätzlich eine weitere Variante angesprochen wird: Nutzung einer Aufzeichnung oder der Mediathek. Zweitens unterscheiden sich die Argumentationen nach der *Anzahl der Gesichtspunkte*, die bei der Bewertung von Handlungsmöglichkeiten herangezogen werden. Beispielsweise wird in der Äußerung (1b) nur ein Gesichtspunkt für die Variante »Buch lesen« genannt (Vermeiden von Strafe), während in der Äußerung (3b) drei Gründe für die Varianten »Nutzung einer Aufzeichnung oder der Mediathek« betont werden: Zufriedenheit der Mutter, selbst Bescheid wissen und mit dem Freund sprechen können. Drittens ist in den Argumentationen ein unterschiedlicher *Grad der Verknüpfung* festzustellen. Während beispielsweise bei den Überlegungen (1a) und (1b) nur die jeweilige Handlungsweise mit einzelnen Gesichtspunkten verbunden wird, kommt es in der Argumentation (3b) zu einer Verbindung der Vorteile der Handlungsmöglichkeiten »Buch lesen« und »Serie anschauen«.

Mit Blick auf diese Unterscheidungsmöglichkeiten lassen sich in Weiterführung von Arbeiten zur kognitiven Komplexität (vgl. Schroder, Driver u. Streufert 1975, S. 33) zunächst drei Arten des Denkens von Kindern nennen (vgl. auch Tulodziecki, Herzig u. Grafe 2021, S. 67–71):

1. Bei einer ersten Art des Denkens ist das Kind darauf festgelegt, dass es für jede Handlung nur eine Möglichkeit in Betracht zieht. Dabei können zur Begründung von Handlungen ein Aspekt oder auch

mehrere Gesichtspunkte herangezogen werden. Beispiele sind die obigen Argumente (1a) und (1b). Man kann hier von einem »fixierten Denken« sprechen.

Ein weiteres Beispiel aus dem Medienbereich liegt vor, wenn bei aufkommender Langeweile nur eine Handlungsmöglichkeit – ohne Alternativen zu bedenken – gewählt wird: Griff nach dem Smartphone.

2. Bei einer zweiten Art des Denkens kommt mindestens eine alternative Möglichkeit ins Bewusstsein. Diese wird in der Regel jedoch mit Blick auf Einzelheiten oder pauschale Einschätzungen relativ schnell wieder verworfen, sodass die ohnehin bevorzugte Möglichkeit Bestand hat. Dies entspricht den obigen Argumenten (2a) und (2b). Solche Gedanken lassen sich als »isolierendes Denken« kennzeichnen.

Ein anderes Beispiel aus dem Medienbereich ist gegeben, wenn ein Kind überlegt, sich mit Freunden zu treffen, statt wie üblich am Computer zu spielen, wegen des Abstimmungsaufwands dann aber doch darauf verzichtet.

3. Bei einer dritten Art des Denkens werden mehrere Handlungsmöglichkeiten hinsichtlich ihrer Vor- und Nachteile abgewogen. Als Beispiele können die obigen Äußerungen (3a) und (3b) gelten. Unter Umständen werden dabei auch neue Handlungsmöglichkeiten – über die zunächst naheliegenden hinaus – bedacht. Eine Entscheidung wird häufig danach gefällt, welche Handlungsmöglichkeit die meisten Vorteile zu bieten scheint. Eine solche Art des Denkens lässt sich auch als »konkret-differenzierendes Denken« charakterisieren.

Als weiteres Beispiel aus dem Medienbereich lässt sich nennen, dass ein Kind überlegt, wie es sich möglichst schnell gut lesbare Informationen zu einem bestimmten Thema verschaffen kann, und dabei die Vor- und Nachteile von Schülerlexikon und Internet abwägt.

Solche Arten des Denkens können bei Kindern nicht nur hinsichtlich des Abwägens von Handlungsmöglichkeiten beobachtet werden. Sie

## 5.2 Arten des Denkens und intellektuelle Entwicklung

spielen auch für die Bewertung oder Einschätzung von Sachverhalten eine wichtige Rolle. So könnte sich ein Kind beispielsweise bei der Frage, was es vom Fernsehen hält, bloß zu der Äußerung veranlasst sehen: Ich finde Fernsehen einfach super (fixiertes Denken). Es könnte aber auch sagen: Fernsehen ist gut, um die Langeweile zu vertreiben; aber Computerspiele sind spannender, weil man selbst was machen kann (isolierendes Denken). Schließlich ist es auch möglich, dass ein Kind sagt: Am Fernsehen ist gut, dass man viel erfährt, z. B. über Tiere, oder über das, was am Tag passiert ist. Außerdem bringt das Fernsehen spannende Filme mit Abenteuern. Aber es ist doof, dass spannende Filme manchmal so spät kommen. Und wenn man zu viel fernsieht, hat man zu wenig Zeit für andere Dinge. Manchmal ist es ganz schön fernzusehen, aber man sollte nicht zu lange gucken (konkret-differenzierendes Denken).

Da das Denken vom fixierten über das isolierende bis zum konkret-differenzierenden Denken komplexer und anspruchsvoller wird, kann man die drei skizzierten Arten des Denkens auch als aufeinander aufbauende Niveaus der intellektuellen Entwicklung deuten. Dabei wird das jeweils folgende Niveau zugleich als erstrebenswert und höherrangig gegenüber dem vorherigen Niveau eingeschätzt. In diesem Zusammenhang ist zu beachten, dass das Erreichen einer bestimmten Stufe Reifeprozesse voraussetzt. Beispielsweise hat der Biologe und Pionier der kognitiven Entwicklungstheorie Jean Piaget (1896–1980) gezeigt, dass Kinder bestimmte Stadien intellektueller Entwicklung durchlaufen und dabei jeweils unterschiedliche Denkleistungen vollbringen (oder auch noch nicht vollbringen können). So behaupten z. B. jüngere Kinder, die gesehen haben, dass die gleiche Menge Limonade in ein Glas mit einem größeren und in ein Glas mit einem kleineren Durchmesser gegossen wurde, dass in dem Glas mit geringerem Durchmesser mehr Limonade enthalten sei (weil die Limonade darin höher steht). Erst später, wenn sie nicht nur eine Dimension (hier die Höhe), sondern gleichzeitig zwei Dimensionen (hier den Durchmesser und die Höhe) bedenken können, stellen sie fest, dass in beiden Gläsern gleich viel Limonade ist (Piaget 1984, S. 147). Die Fähigkeit, mindestens zwei Dimensionen (z. B. zwei

## 5 Mediennutzung als entwicklungsbezogenes Handeln

Handlungsmöglichkeiten) in den Blick zu nehmen, ist demgemäß eine wichtige Voraussetzung, um von der Stufe des fixierten Denkens zum isolierenden und von dort zum konkret-differenzierenden Denken im obigen Sinne voranzuschreiten. Ein entsprechender Entwicklungsprozess ist allerdings nicht nur von Reifevorgängen, sondern auch von äußeren Anregungen oder Anforderungen abhängig. Er erfolgt demgemäß in der Interaktion von internen Reifeprozessen und Umwelteinflüssen und kann zeitlich schneller oder langsamer verlaufen. Da bei Kindern in der Grundschule aus entwicklungstheoretischer Sicht die reifebezogenen Voraussetzungen für zwei- und später mehrdimensionale Denkweisen grundsätzlich gegeben sind, liegt der Grund für möglicherweise (noch) zu beobachtende fixierte Denkweisen vor allem in mangelnden Anregungen. Bei entsprechenden Anregungen lässt sich im Laufe der Grundschulzeit in der Regel die Stufe des konkret-differenzierenden Denkens erreichen.

Die Fähigkeit, konkret-differenziert zu denken, ist zugleich eine Voraussetzung dafür, dass sich im *Jugendalter* weitere Entwicklungsniveaus ausbilden können. Dabei geht es zunächst um systematischkriterienbezogenes Denken (Beispiel: verschiedene Möglichkeiten, Informationen zu beschaffen, werden im Aspekt ausdrücklicher Kriterien beurteilt, z. B. Bewertung von Quellen nach Gestaltung, Informationsgehalt und Glaubwürdigkeit), und anschließend um kritisch-reflektierendes Denken (Beispiel: Kriterien zur Bewertung von Informationsmöglichkeiten werden bei der Anwendung selbst kritisch reflektiert und gegebenenfalls priorisiert, z. B. Informationsgehalt wichtiger als Gestaltung) (Tulodziecki 1997, S. 132 f.).

Bei einer entwicklungsbezogenen Betrachtung von kognitiver Komplexität ist zu beachten, dass die Entwicklung jeweils auch eine inhaltliche Komponente hat. So ist zu erwarten, dass ein Kind *nicht* in allen Inhaltsbereichen gemäß einer bestimmten Entwicklungsstufe denkt. Wenn es z. B. gelernt hat, bei Medienentscheidungen konkretdifferenzierend zu denken, so heißt das nicht, dass es dies auch automatisch in anderen Bereichen tut. Dies hängt damit zusammen, dass jedes Niveau bestimmte Kenntnisse voraussetzt. Wenn ein Kind z. B. immer nur eine Art des Vorgehens bei Konflikten erlebt und keine Alternativen dazu erfahren hat, kann es beim Thema Konfliktverhalten kaum über fixiertes Denken hinausgelangen. Allerdings gilt auch, dass die Fähigkeit, in einem bestimmten inhaltlichen Zusammenhang konkret-differenzierend zu denken, es erleichtert, auch in anderen inhaltlichen Zusammenhängen gedanklich entsprechend vorzugehen. Weiterhin ist zu vermuten: Wenn in mehreren inhaltlichen Zusammenhängen ein konkret-differenzierendes Denken erreicht wurde und erfolgreich war, wächst die Wahrscheinlichkeit, dass es sich zu einem generellen »Denkstil« entwickelt. Allerdings ist vor dem Hintergrund des in Abschnitt 2.3 entwickelten Handlungsmodells davon auszugehen, dass die Aktivierung des jeweils wirksam werdenden intellektuellen Niveaus zusätzlich zu inhaltlichen Kenntnissen auch von situativen und bedürfnisbezogenen Bedingungen abhängt. Wenn ein Kind z. B. aufgrund einer konflikthaften Situation mit den Eltern ein starkes Bedürfnis nach Zugehörigkeit in der Familie hat und so ein großer Handlungsdruck entsteht, wird es keine besonderen Abwägungen hinsichtlich seines Verhaltens vornehmen, sondern schnell die Lösung suchen, die ihm die Zuneigung der Eltern sichert.

## 5.3 Urteilsformen und sozial-moralische Entwicklung

Die Argumentationen zum möglichen Handeln von Felix (▶ Kap. 5.1) lassen sich nicht nur hinsichtlich der damit verbundenen Arten des Denkens, sondern auch der dabei zum Ausdruck kommenden sozial-moralischen Urteilsformen analysieren. Diese können sich zunächst bezüglich der eingenommenen *sozialen Perspektive* unterscheiden: So spielen in den Argumenten (1a) und (1b) nur die eigenen Bedürfnisse und Interessen eine Rolle, während in den Argumenten (2a) und (2b) auch die Interessen von anderen direkt Beteiligten berücksichtigt werden und in den Argumenten (3a) und (3b) darüber hinaus die

Erwartungen von nicht direkt beteiligten Bezugspersonen, z. B. die Erwartung des Freundes und der Lehrerin, mitbedacht werden. Mit der sozialen Perspektive ist die Frage verbunden, ob man sich nur für das eigene Wohlbefinden *verantwortlich* fühlen sollte oder auch für das Wohlbefinden anderer Beteiligter bzw. Bezugspersonen. Des Weiteren ist mit den Argumenten jeweils eine Auffassung von *richtigem Verhalten oder Handeln* verbunden. Beispielsweise ist mit den Argumenten (1a) und (1b) die Einstellung verknüpft, dass man durch sein Handeln selbst keine Schwierigkeiten bekommen oder eine Strafe riskieren sollte. In den Argumenten (2a) und (2b) ist richtiges Verhalten und Handeln dadurch gekennzeichnet, dass man selbst möglichst gut wegkommt, dabei allerdings die Interessen anderer direkt Beteiligter berücksichtigt. In den Argumenten (3a) und (3b) spiegelt sich demgegenüber die Vorstellung wider, dass richtiges Verhalten und Handeln an den Erwartungen von Bezugspersonen ausgerichtet werden sollten.

Bei einer solchen Analyse zeichnen sich drei verschiedene *sozialmoralische Urteilsformen* bezüglich des Handelns ab (vgl. dazu Gilligan 1983; Kohlberg 1977; Tulodziecki, Herzig u. Grafe 2021, S. 70–74):

1. *Egozentrische Fixierung auf eigene Bedürfnisse und Interessen unter Vermeidung von Strafe:* Dabei kommen Bezugspersonen vorwiegend als »Instanzen« in den Blick, die gegebenenfalls strafen können und denen man deshalb besser gehorcht. Verantwortlich ist man nur für das eigene Wohlbefinden. Richtig ist ein Verhalten oder Handeln, bei dem man seine eigenen Bedürfnisse befriedigen kann, ohne Strafe fürchten zu müssen. Falsch es ist, wenn man etwas tut, was bestraft wird.
2. *Orientierung an eigenen Bedürfnissen unter Beachtung von Interessen anderer:* Bezugspersonen oder Beteiligte werden jetzt als Menschen gesehen, die ebenfalls Bedürfnisse und Interessen haben. Dabei wird auch ihnen ein Recht auf Wohlbefinden zugestanden, für das man durch sein Verhalten mitverantwortlich ist. Richtig ist ein Verhalten oder Handeln, bei dem man seine eigenen Bedürfnisse zur Geltung bringt, aber gleichzeitig die Interessen anderer

## 5.3 Urteilsformen und sozial-moralische Entwicklung

berücksichtigt. Falsch ist ein Vorgehen, das einem selbst Nachteile einbringt, weil man die Interessen anderer nicht bedacht hat.

3. *Orientierung an Erwartungen von Bezugspersonen oder Bezugsgruppen*: Kinder verstehen sich hier als Teil einer sozialen Beziehung bzw. sozialen Gruppe, mit der gewisse Erwartungen an das Verhalten oder Handeln der Gruppenmitglieder verbunden sind. Dabei ist man für das Wohl der Gruppenmitglieder mitverantwortlich. Richtig ist ein Verhalten oder Handeln, das die Zustimmung der Gruppenmitglieder erfährt. Falsch ist es, mit seinem Verhalten oder Handeln die Erwartungen von Bezugspersonen zu enttäuschen.

Diese Urteilsformen treten bei Grundschulkindern – ähnlich wie die Arten des Denkens – nicht nur bei Äußerungen zu Entscheidungen, sondern auch zu Bewertungen auf. Wenn man Kinder z. B. fragt, wie sie es empfinden, wenn Eltern die Smartphone-Nutzung zeitlich – gegebenenfalls auch mithilfe einer Sperrung – begrenzen, werden sie u. a. äußern: (1) Es stört mich, wenn ich immer darauf achten muss, ob meine Nutzungszeit schon vorbei ist. Dann kann ich manchmal nicht mal ein Video zu Ende gucken (egozentrische Fixierung auf eigene Bedürfnisse). (2) Ich finde es zwar blöd, dass meine Eltern die Zeit mit dem Smartphone begrenzen, aber wahrscheinlich machen sie sich Sorgen, dass ich sonst zu viel spiele oder Videos gucke. Vielleicht kann ich demnächst mehr Zeit 'rausschlagen, wenn ich ihnen anbiete, erst das Smartphone zu nehmen, wenn ich meine Hausaufgaben gemacht habe (Orientierung an eigenen Bedürfnissen unter Beachtung von Interessen anderer). (3) Meine Eltern erwarten, dass ich nicht zu viel Zeit mit dem Smartphone verbringe. Wenn sie die Zeit nicht begrenzen würden, wäre ich stets verführt, dem Spielen oder dem Anschauen von Videos zu viel Zeit zu widmen. Dann wären meine Eltern enttäuscht. Deshalb ist die Sperrung schon in Ordnung (Orientierung an Erwartungen von Bezugspersonen).

Bisher wurden die Urteilsformen als verschiedene Möglichkeiten sozial-moralischer Überlegungen dargestellt. Analog zu den Arten des Denkens kann man die skizzierten Urteilsformen als verschiedene

## 5 Mediennutzung als entwicklungsbezogenes Handeln

Niveaus sozial-moralischer Entwicklung auffassen. Demnach markiert die »Orientierung an eigenen Bedürfnissen unter Beachtung von Interessen anderer« einen Fortschritt gegenüber einer »Egozentrischen Fixierung auf eigene Bedürfnisse« und die »Orientierung an Erwartungen von Bezugspersonen« erweist sich als Weiterentwicklung gegenüber dem zweiten Niveau. Wie bei der intellektuellen Entwicklung setzt das Erreichen eines höheren Niveaus zum einen Anregungen durch die Umwelt und zum anderen interne Reifeprozesse voraus. So ist der Übergang von der ersten zur zweiten Entwicklungsstufe nur möglich, wenn das Kind die Fähigkeit erlangt hat, sich in andere hineinzuversetzen. Zugleich ist das Erreichen der dritten Stufe als Voraussetzung aufzufassen, um später im Jugendalter ein viertes Niveau als »Orientierung am sozialen System mit einer bewussten Übernahme gerechtfertigter sozialer Verpflichtungen« zu erreichen. Auf diesem Niveau könnte z. B. in Erwägung gezogen werden, auf das unrechtmäßige Kopieren eines Computerspiels zu verzichten, weil es dem Urheberrecht widerspräche. Im Erwachsenalter könnte sich dann schließlich noch eine fünfte Stufe im Sinne einer »Orientierung an individuellen Rechten und ihrer kritischen Prüfung unter dem Anspruch der menschlichen Gemeinschaft« einstellen, was sich u. a. daran zeigen mag, dass jemand bewusst auf das Anschauen eines gewaltverherrlichenden Films verzichtet, weil dieser der Menschenwürde widerspricht (Tulodziecki, Herzig & Grafe 2021, S. 70–74).

Bei einer Interpretation verschiedener Urteilsformen als Entwicklungsniveaus wird angenommen, dass diese hierarchisch organisiert sind. Demgemäß setzt das Erreichen der nächsthöheren Entwicklungsstufe das vorherige Niveau voraus. Dabei ist das Erreichen einer neuen Entwicklungsstufe mit Umzentrierungen verbunden – von einer egozentrischen zu einer auf den anderen Menschen bezogenen bzw. empathischen Sichtweise und von dort zu einer an der Gruppe und deren Normen und Erwartungen orientierten Perspektive. Deshalb brauchen entsprechende Entwicklungen ihre Zeit und sind als längerfristige Prozesse zu sehen, die einer mehrfachen Anregung bedürfen.

Außerdem ist anzunehmen, dass die Frage, auf welchem Niveau letztlich argumentiert wird, nicht nur mit dem prinzipiell möglichen Entwicklungsniveau zusammenhängt, sondern – wie schon bei den Denkarten – auch mit den jeweiligen situativen, bedürfnisbezogenen, erfahrungs- und wissensbezogenen Bedingungen. Vor allem bei eigener Betroffenheit besteht eine gewisse Tendenz, Argumente zu vertreten, die unterhalb der Stufe liegen, die eigentlich erreicht ist. Würde man beispielsweise nur in allgemeiner Form über die oben erwähnte Situation der Zeitbegrenzung bei der Smartphone-Nutzung sprechen, könnte ein Kind möglicherweise auf der dritten Stufe argumentieren. Wäre es aber selbst unmittelbar von der Sperrung betroffen oder würde man fragen, ob das Kind es gut fände, wenn seine Eltern sein Smartphone mit einer Zeitsperre versähen, kämen vermutlich eher Argumente der ersten oder zweiten Stufe zum Vorschein.

## 5.4 Bedeutung für Erziehung und grundlegende Bildung

Für ein humanes Medienhandeln ist es wünschenswert, dass Kinder das ihnen jeweils mögliche Entwicklungsniveau erreichen. Als entscheidende Schlussfolgerung ergibt sich, dass es beim Lernen *mit* und *über* Medien nicht nur um eine Erweiterung des Erfahrungs- und Wissensstandes von Kindern geht, sondern stets auch um die Förderung ihrer Entwicklung in intellektueller und sozial-moralischer Hinsicht. Dabei ist Folgendes zu beachten:

1. Für eine Förderung bietet es sich an, Kinder in der Grundschule mit Situationen zu konfrontieren, die zu einer Diskussion anregen. Eine solche Situation kann z. B. der obige Fall von Felix sein. Es ließe sich aber auch die Situation von Mila und Hanna (▶ Kap. 2.1) oder von Lina und Ella (▶ Kap. 4.1) oder ein anderer Fall als Einstieg nutzen.

Dabei sollten die Fälle als offene Situationen dargestellt und unter folgenden Fragen besprochen werden: Welche Handlungsmöglichkeiten haben die jeweiligen Kinder? Was spricht für oder gegen einzelne Handlungsmöglichkeiten? Wie sollte das betroffene Kind letztlich entscheiden? Begleitend kann gegebenenfalls bedacht werden, welche Informationen für ein angemessenes Vorgehen notwendig sind, z. B. zu Fragen des Urheberrechts in der Situation von Lina und Ella.
2. Bei Diskussionen ist es wichtig, dass Kinder sich mit neuen Argumenten auseinandersetzen. Dabei sollte beachtet werden, dass Kinder nur die Argumente richtig verstehen, die ihrem eigenen Niveau entsprechen oder darunter oder knapp darüber einzuordnen sind; wenn die Argumente zu weit über dem erreichten Niveau liegen, werden sie nicht mehr angemessen aufgenommen. So ist für ein Kind, das die zweite Stufe sozial-moralischer Entwicklung erreicht hat, eine Argumentation auf der dritten Stufe noch zugänglich (siehe dazu die obigen Beispiele 3a und 3b), darüber liegende Argumente könnten hinsichtlich ihres eigentlichen Gehaltes *nicht* mehr angemessen verstanden werden, etwa das folgende Argument der vierten Stufe: Eltern haben im Sinne des Grundgesetzes das Recht und die Pflicht zur Erziehung ihrer Kinder. Dieses Recht und die damit verbundene Verpflichtung kann die Mutter wahrnehmen, indem sie darauf besteht, dass Felix liest, statt fernzusehen.
3. Sowohl für die intellektuelle als auch für die sozial-moralische Entwicklung ist es am günstigsten, wenn Kinder mit Argumenten konfrontiert werden, die knapp über dem erreichten Niveau liegen. Dies kann im Unterricht z. B. durch Diskussionen in Kleingruppen oder durch Impulse vonseiten der Lehrperson geschehen. Dabei ist es wichtig, dass entsprechende Auseinandersetzungen in einer offenen Atmosphäre stattfinden, in der jeder seine Meinung sagen darf, und dass Lösungen oder Stellungnahmen nicht vorgegeben, sondern von den Kindern selbst erarbeitet werden.

Diese allgemeinen Schlussfolgerungen werden in einem späteren Unterrichtsbeispiel weitergehend konkretisiert (▶ Kap. 8.6).

## 5.4 Bedeutung für Erziehung und grundlegende Bildung

> **Hinweise für die Weiterarbeit**
> Nehmen Sie bitte noch einmal den in Abschnitt 2.1 skizzierten Fall von Mila und ihrem Smartphone mit dem Wunsch von Hanna, noch einzelne Videos anzuschauen, in den Blick. Überlegen Sie nun, welche Äußerungen von Kindern zu diesem Fall bzw. welche Pro- oder Kontra-Argumente zur möglichen Einwilligung oder Ablehnung von Mila zu erwarten sind. Versuchen Sie, für jede Entwicklungsstufe mindestens ein Argument zu formulieren.
> 
> Wenn Sie in der Familie, im Bekanntenkreis oder in der Schule die Möglichkeit haben, den Fall von Mila oder auch den eingangs skizzierten Fall von Felix mit einem oder mehreren Kindern zu besprechen, können Sie die unter 1. genannten Fragen benutzen. Notieren Sie gegebenenfalls nach dem Gespräch einzelne Äußerungen. Versuchen Sie nun, Äußerungen der Kinder den Stufen der intellektuellen und/oder der sozial-moralischen Entwicklung zuzuordnen. Des Weiteren können Sie überlegen, welche Impulse oder Argumente für die Kinder entwicklungsanregend sein könnten.

Um mehr über Möglichkeiten und gegebenenfalls auch Schwierigkeiten der Förderung intellektueller und/oder sozial-moralischer Entwicklung im Zusammenhang mit Medienfragen zu erfahren, sei als Lektüre empfohlen: Tulodziecki, G., Herzig, B. u. Grafe, S. (2021): Medienbildung in Schule und Unterricht. Grundlagen und Beispiele. 3. Aufl. Bad Heilbrunn: Klinkhardt/UTB, S. 315–338.

Im folgenden Kapitel wird in zusammenfassender Weise ein Konzept für medienbezogene Erziehungs- und Bildungsaufgaben in der Grundschule entworfen.

# 6

# Rahmen für die Medienerziehung und Medienbildung in der Grundschule

In den bisherigen Kapiteln wurden wichtige Bedingungen des Medienhandelns von Kindern und allgemeine Schlussfolgerungen für die Medienerziehung und Medienbildung in der Grundschule aufgezeigt. In diesem Kapitel geht es darum, die bisherigen Überlegungen unter der Frage zusammenzuführen, wie ein konzeptioneller Rahmen für medienbezogene Erziehungs- und Bildungsaufgaben in der Grundschule aussehen könnte. Dazu ist es sinnvoll, zunächst einen kurzen Blick auf grundsätzliche Sichtweisen zum Verhältnis Medien, Erziehung und Bildung zu werfen.

## 6.1 Beispiele zu grundsätzlichen Sichtweisen bezüglich medienbezogener Erziehungs- und Bildungsaufgaben

In schulischen Zusammenhängen können sich verschiedene Situationen ergeben, in denen sich unterschiedliche Grundpositionen zu Erziehungs- und Bildungsaufgaben im Medienbereich widerspiegeln:

(1) Bei einem Elternabend macht eine Lehrerin darauf aufmerksam, dass die Kinder am Montagmorgen häufig unkonzentriert seien. Sie vermutet, dass dies u. a. daran liegt, dass die Kinder am Wochenende einen besonders hohen Medienkonsum haben. Einige Eltern bestätigen, dass es ihnen in der Tat Sorge bereitet, dass ihre Kinder am Samstag und Sonntag zu häufig mit Smartphone, Fernsehen oder Konsolenspielen beschäftigt sind. Sie regen an, an einem Elternabend einmal eine Medienpädagogin oder einen Medienpädagogen mit der Bitte einzuladen, Tipps (auch technischer Art) zur Begrenzung von Nutzungszeiten und zur Sperrung von Webseiten zu geben, die für Kinder ungeeignet sind. Darüber hinaus wünschen sie Informationen zu Webseiten, die für Kinder besonders geeignet sind.

(2) Ein Kunstlehrer führt ein Projekt durch, bei dem die Kinder eine kurze Geschichte in unterschiedlicher medialer Form gestalten. In drei Kleingruppen wird jeweils eine andere Umsetzung der Geschichte bedacht und ausgeführt: (a) als Folge herkömmlich gemalter Bilder, (b) als Reihe inszenierter Fotos oder (c) als Comic mithilfe eines digitalen Mal- und Zeichenprogramms. Die so entstandenen Bildfolgen werden vorgestellt und hinsichtlich ihrer Gestaltung verglichen und besprochen. Anhand exemplarisch ausgewählter Bilder, Fotos und Comiczeichnungen bedenkt der Lehrer mit den Kindern, wie man ästhetisch gelungene von weniger gelungenen unterscheiden kann.

(3) Eine Sachunterrichtslehrerin setzt zu ihren Unterrichtsthemen häufiger Filmsequenzen des Bildungsfernsehens oder Produktionen des Instituts für Film und Bild (FWU) ein. Sie ist überzeugt, dass dadurch das Lernen für Kinder erleichtert wird. Manchmal lässt sie die Sendungen oder Filme mit Texten aus einem Schul- oder Sachbuch hinsichtlich der Inhalte, der Gestaltungsmittel und des Gelernten vergleichen und beurteilen. Außerdem empfiehlt sie den Kindern bei dem einen oder anderen Thema, ein Erklärvideo oder eine Sachgeschichte aus der Sendung mit der Maus zur häuslichen Vorbereitung oder Nacharbeit zu nutzen. Des Weiteren bespricht sie mit den Kindern verschiedene Möglichkeiten, sich über wichtige Themen zu informieren.

(4) Eine Deutschlehrerin regt ihre Schülerinnen und Schüler an zu überlegen, was ihnen an ihrem Schulhof gefällt und was verbessert werden sollte. Auf dieser Grundlage plant sie mit den Kindern ein Projekt zur Verbesserung des Schulhofes. Dazu werden zunächst Plakate mit Fotos und kurzen schriftlichen Texten erstellt, die auf wünschenswerte oder notwendige Verbesserungen aufmerksam machen. Vorher hat die Lehrerin mit den Kindern besprochen, wie man mit Plakaten Aufmerksamkeit erregen kann. Zugleich werden Ideen gesammelt, wie Verbesserungen konkret aussehen könnten. Die Ideen werden ebenfalls auf Plakaten festgehalten. In einem Gespräch mit der Schulleiterin und einem Mitglied des Schuldezernats der Stadt wird besprochen, wie die Verbesserungen gegebenenfalls finanziert werden können.

(5) Ein Religionslehrer präsentiert eine Filmszene mit einem Konflikt aus einer – bei den Kindern beliebten – Fernsehserie. Er bricht die Szene ab, sobald der Konflikt klar ist und bevor das Verhalten der beteiligten Personen dargestellt wird. Er fragt die Kinder nach Ideen zur Lösung des Konflikts und bespricht mit ihnen, woher sie ihre Ideen beziehen. Dabei wird sich zeigen, dass nicht nur real erfahrene Konfliktlösungen, sondern auch Verhaltensweisen in Unterhaltungsangeboten eine Rolle spielen. Danach

werden mögliche Konfliktlösungen besprochen und eine wünschenswerte Lösung in den Mittelpunkt gerückt. Für diese wird ein Rollenspiel vorbereitet und durchgeführt. Das Rollenspiel wird als Video aufgezeichnet und besprochen. Abschließend geht es darum, die selbst erarbeitete Konfliktlösung mit der Konfliktlösung zu vergleichen, wie sie in der zugrunde liegenden Fernsehserie präsentiert wird, und beide Konfliktlösungen zu diskutieren.

Bezüglich solcher Unterrichtseinheiten oder Projekte stellt sich u. a. die Frage, welche Grundpositionen sich in ihnen zum Verhältnis von Medien, Erziehung und Bildung zeigen. Diese Frage ist auch bedeutsam, weil ihre Beantwortung Voraussetzungen schafft, um eigene Einstellungen zu Medien, Medienerziehung und Medienbildung zu reflektieren (vgl. Kommer u. Biermann 2012).

Zugleich repräsentieren die skizzierten Beispiele mögliche Umsetzungen von medienbezogenen Erziehungs- und Bildungsaufgaben in der Grundschule. In diesem Zusammenhang ergibt sich die Frage, welche Aufgaben damit umgesetzt werden und welche weiteren Aufgaben sich für die Medienerziehung und Medienbildung stellen.

## 6.2 Grundpositionen zu Erziehungs- und Bildungsaufgaben im Medienbereich

Die obigen Beispiele stehen für unterschiedliche Grundpositionen zum Thema Medien, Erziehung und Bildung. So erscheint in Beispiel (1) die umfangreiche Mediennutzung als Hemmnis für das Lernen bzw. als etwas, das die Entwicklung der Kinder gefährden könnte. Gleichzeitig wird aber auch angenommen, dass es Angebote gibt, welche geeignet sind bzw. förderlich für Kinder sein können. Insofern kommt es darauf an, Kinder vor Gefährdungen durch Medien zu schützen und sie gleichzeitig an wertvolle Medienangebote heranzuführen. Diese Grundposition kann man als *behütend-pflegende Sichtweise* bezeichnen. Historisch gesehen ist sie vor allem zu Beginn des 20. Jahrhundert mit der Entwicklung des Films entstanden, in deren Rahmen es darum ging, Kinder vor schlechten filmischen Vorbildern zu bewahren und gleichzeitig die Produktion geeigneter Kinderfilme zu fördern (vgl. Keilhacker u. Keilhacker 1953). Einerseits verweist diese Position auf wichtige Schutz- und Anregungsfunktionen von Erziehung, andererseits ist mit ihr jedoch die Gefahr verbunden, dass Kinder nicht zu einer selbstständigen Auseinandersetzung mit dem Medienangebot gelangen, weil ihnen vermutlich Gefährdendes vorenthalten und nur vermeintlich Wertvolles zugänglich gemacht wird.

Bei Beispiel (2) gelten die Medien als besondere Ausdrucksform, mit der u. a. künstlerische Möglichkeiten erweitert werden. Kinder sollen lernen, diese Ausdrucksform für kreative Gestaltungen zu verwenden, und gleichzeitig in die Lage versetzt werden, selbstständig zwischen ästhetisch wertvollen und weniger wertvollen Medienbeiträgen zu unterscheiden. Diese Grundposition lässt sich als *ästhetisch-kulturorientierte Sichtweise* beschreiben. In historischer Betrachtung ist sie mit der Entwicklung des Kinofilms als Kunstform verknüpft und vor allem Anfang der 1960er Jahre formuliert worden (vgl. Peters 1963). Damit wird der künstlerischen Komponente beim Medienschaffen Rechnung getragen und zu Recht die Notwendigkeit betont, dass Kinder zu eigenständiger Beurteilung angeleitet werden. Allerdings reicht die Betrachtung von Medien unter ästhetischen Gesichtspunkten und die damit verbundene Konzentration auf Formaspekte nicht aus, um dem Medienspektrum und seinen Einflüssen auf Individuum und Gesellschaft gerecht zu werden.

Beispiel (3) rückt die Medien als Mittel von Lernen und Bildung in den Blick. Kinder sollen Medien vor allem als Möglichkeit nutzen, sich zu informieren und sich Wissen zu gesellschaftlich und kulturell bedeutsamen Themen anzueignen. Diese Grundposition entspricht vor allem einer *funktional-systemorientierten Sichtweise*. Sie ist mit der Zielvorstellung eines mündigen Rezipienten verbunden: Der mündige Rezipient soll die Medien in reflektierter Weise zur Förderung von Bildung, Demokratie und Wirtschaft verwenden (vgl. Kerstiens 1971).

## 6.2 Grundpositionen zu Erziehungs- und Bildungsaufgaben im Medienbereich

Diese Idee hat sich von den 1950er Jahren an entwickelt und ist mit dem damaligen Fortschrittsdenken und der Ausbreitung des Fernsehens verknüpft. Dabei wird das große Informationspotenzial von Medien betont und mit der Hoffnung verbunden, dass sich jeder Einzelne im Sinne einer demokratischen Gesellschaft zum Wohle aller verantwortungsbewusst verhält. Allerdings erweist sich die Vorstellung, dass sich sowohl Medienmacher als auch Medienrezipienten gemäß ihrer Verantwortung verhalten, angesichts ökonomischer und machtbezogener Bedingungen des Mediensystems als trügerisch und zu harmonistisch.

Mit Beispiel (4) kommt vor allem die Möglichkeit in den Blick, Medien zu nutzen, um auf eigene Interessen aufmerksam zu machen und diese möglichst durchzusetzen. Dieser Gedanke ist Bestandteil einer Sichtweise, die man als *kritisch-materialistisch* bezeichnen kann. Hintergrund ist die – in entsprechenden Analysen zum Ende der 1960er Jahre – aufgedeckte Gefahr, dass Medien zur Manipulation und Fremdbestimmung der Menschen benutzt werden können, um ökonomische Vorteile und Herrschaft zu sichern (vgl. Holzer 1974). Deshalb soll auch schon von Kindern in einem ideologiekritischen Sinne danach gefragt werden, welche Interessen mit dem jeweiligen Medienangebot verbunden sind und wie man dagegen eigene Interessen zur Geltung bringen kann. Allerdings setzt diese Sichtweise letztlich eine gesellschaftliche Perspektive voraus, die bei Kindern noch nicht angenommen werden kann und die auch die Gefahr dogmatischer Verkürzungen in sich trägt.

Beispiel (5) beruht auf der Annahme, dass Kinder grundsätzlich das Vermögen haben, eigene Lösungen für ihr Handeln zu entwerfen, in abwägender Weise zu geeigneten Lösungen zu kommen und dabei Kompetenz zu entwickeln. Medien werden zum einen als Möglichkeit gesehen, Anregungen für eigenes Handeln zu geben – wobei zugleich Kritikfähigkeit gegenüber medial Dargestelltem vorausgesetzt wird. Zum anderen können sie für eigene Gestaltungen und deren Analyse genutzt werden. Diese Grundposition entspricht schwerpunktmäßig einer *handlungs- und kompetenzorientierten Sichtweise*. Sie wurde seit den 1970er Jahren entwickelt (vgl. z. B. Baacke 1973; 1997; Schorb

1995) und Ende der 1980er Jahre vor allem mit dem Entwicklungsgedanken verknüpft (vgl. z. B. Tulodziecki 1989). Insgesamt geht es darum, sowohl die Medienrezeption von Kindern als auch ihre eigene Mediengestaltung als bedürfnisbezogenes Handeln in sozialen Zusammenhängen zu begreifen und in entwicklungsbezogener Weise einen Kompetenzerwerb zu ermöglichen, der letztlich in ein humanes Handeln einmünden soll.

Jede dieser Sichtweisen hat grundsätzlich ihre Berechtigung und verweist auf wichtige Aufgaben von Erziehung und Bildung im Medienbereich. Allerdings bedürfen die Sichtweisen einer gegenseitigen Ergänzung bzw. einer Integration in ein umfassendes Konzept für die Medienerziehung und Medienbildung. Einen vorläufigen Rahmen dafür bot bereits die handlungs- und kompetenzorientierte Sichtweise. Vor diesem Hintergrund wurde mit den bisherigen Ausführungen zum Medienhandeln versucht, verschiedene Aspekte, die in früheren Überlegungen zu einer handlungs- und kompetenzorientierten Medienerziehung und Medienbildung zu kurz kamen, weitergehend zu akzentuieren. Dies betrifft u. a. die Bedürfnis-, die Inhalts- und die Wissensperspektive sowie Fragen kindlicher Entwicklung.

Auf dieser Grundlage soll nun ein zusammenfassender konzeptioneller Rahmen skizziert werden, der vom Medienhandeln ausgeht und unter besonderer Betonung der Entwicklungsförderung als *handlungs- und entwicklungsorientiert* bezeichnet werden kann (vgl. dazu auch Tulodziecki, Herzig u. Grafe 2021, S. 197–216).

## 6.3 Ein konzeptioneller Rahmen für medienbezogene Erziehungs- und Bildungsaufgaben

Im Folgenden wird – ausgehend von den Überlegungen in den Kapiteln 1 bis 5 – ein konzeptioneller Rahmen für die Medienerziehung und Medienbildung in der Grundschule entfaltet. Dabei werden Zielvorstellungen, Themen und Inhalte, Formen und Bereiche der Mediennutzung, Vorgehensweisen sowie Aufgabenfelder angesprochen.

## Zielvorstellungen

Als langfristig anzustrebende Zielperspektiven, an denen auch schon die Medienerziehung und Medienbildung in der Grundschule orientiert sein sollten, wurden in Kapitel 2.5 Sachgerechtigkeit, Selbstbestimmung, Kreativität und soziale Verantwortung beim Handeln in Medienzusammenhängen entwickelt und begründet. Notwendige Dispositionen dafür sind:

- *Handhabungsfertigkeiten*, um die jeweiligen Geräte bedienen und Programme sachgerecht anwenden zu können
- *Kommunikationsfähigkeit*, um mediale Botschaften zu verstehen und selbst kommunikationsfördernd gestalten zu können
- *Kenntnisse und Verstehen inhaltlicher Grundlagen* (gemäß den im Folgenden angeführten Inhaltsfeldern), um mediale Möglichkeiten reflektiert nutzen zu können
- *Recherche- und Strukturierungsfähigkeiten*, um das Informationspotenzial von Medien ausschöpfen zu können
- *Fähigkeit zur Analyse und Bewertung* von medialen Möglichkeiten und medialen Angeboten, um angemessene Nutzungsentscheidungen treffen zu können
- *Problemlösefähigkeit*, um Anforderungen gegebenenfalls unter Abwägung medialer Möglichkeiten bewältigen zu können
- *Entscheidungsfähigkeit*, um ein selbstbestimmtes Agieren in Medienzusammenhängen zu ermöglichen
- *Gestaltungsfähigkeit*, um selbst mediale Beiträge erstellen zu können
- *Urteilsfähigkeit*, um Rechercheergebnisse, Problemlösungen, Entscheidungen und Gestaltungen im Medienbereich einordnen und einschätzen zu können

♦ *Handlungsbereitschaft und Handlungsfähigkeit*, um als richtig oder angemessen Erkanntes bzw. Beurteiltes auch umzusetzen.

Diese Dispositionen lassen sich als Zielvorstellungen verstehen, aus denen für medienbezogene Unterrichtseinheiten oder Projekte jeweils eine passende Auswahl zu treffen ist. Dabei können in einer Unterrichtseinheit oder in einem Projekt mehrere Ziele verfolgt werden – zumal die Zielvorstellungen zum Teil miteinander verbunden sind. Insgesamt sollte das Spektrum der Zielvorstellungen durch die medienpädagogischen Aktivitäten in der Grundschule angemessen abgebildet sein.

**Themen und Inhalte**

In Abschnitt 4.5 wurden vier Wissens- bzw. Inhaltsbereiche als bedeutsam für die Medienerziehung und Medienbildung genannt. Diese sollen im Folgenden vor dem Hintergrund bisheriger Ausführungen skizziert werden. Dabei sind die Inhaltsbereiche nicht als isolierte Felder zu sehen, sondern als miteinander zusammenhängende Bereiche. Entsprechende Unterrichts- und Projektbeispiele werden in Kapitel 8 dargestellt und sind auch auf den Webseiten einzelner Bundesländer, Institutionen oder länderübergreifender Einrichtungen zu finden (vgl. z. B. Internet-ABC o. J.; Stiftung Medienpädagogik Bayern 2018; Medienkompetenzrahmen NRW o. J.). Hier soll es zunächst nur um eine kurze Charakterisierung der Inhaltsbereiche und der damit verbundenen *inhaltsbezogenen Aufgabenfelder* gehen:

*Erfahrungsformen und Gestaltungsmöglichkeiten bei technischen Medien*: Den thematischen Hintergrund für diesen Inhaltsbereich bilden die Ausführungen in Abschnitt 4.3 zu Vorzügen und Grenzen realer, modellhafter, abbildhafter und symbolischer Erfahrung. In diesem Zusammenhang kommt den Gestaltungsmöglichkeiten bei technischen Medien gemäß Abschnitt 4.4 ein wichtiger Stellenwert zu. Bei den Gestaltungsmöglichkeiten geht es in der Grundschule vor allem um Darstellungsformen (z. B. schriftlicher Text, Bild sowie Film),

## 6.3 Ein konzeptioneller Rahmen

Gestaltungstechniken (z. B. Einstellungsgröße und Einstellungsperspektive bei Fotos), Gestaltungsformen (z. B. Nachricht, Kommentar und Werbung) und Erzeugungsarten (z. B. Auftragung von Farbe auf eine Leinwand durch einen Menschen oder Generierung von Beiträgen in einem Netzwerk durch soziale Roboter). Mit Bezug auf solche inhaltlichen Zusammenhänge erweist sich das »*Unterscheiden und Einschätzen von medialen Gestaltungsmöglichkeiten (im Rahmen verschiedener Erfahrungsformen)*« als bedeutsames *Aufgabenfeld*. Für Kinder ist dabei zunächst die Unterscheidung zwischen Schein und Wirklichkeit besonders wichtig, z. B. bei der Werbung oder bei medialen Darstellungen überhaupt, etwa bei Vorabendserien. Damit zusammenhängend geht es um den Vergleich verschiedener medialer Gestaltungsformen, z. B. Nachricht und Kommentar, Information und Werbung. Darüber hinaus sollte ein Bewusstsein für unterschiedliche Möglichkeiten der Erzeugung medialer Botschaften grundgelegt werden, z. B. Malen eines Bildes im Vergleich zur Erzeugung von Trickfiguren durch einen Computer.

*Einflüsse von Medien auf den einzelnen Menschen und auf soziale Zusammenhänge*: Als allgemeiner Hintergrund für diesen Inhaltsbereich können die Überlegungen in Abschnitt 1.4 gelten. Dabei ging es um generelle Einflüsse von Medien und damit verbundene Chancen und Risiken für die Wahrnehmung von Welt, den Umgang mit Informationen, die Regulierung von Emotionen, die Gestaltung von sozialen Beziehungen, die Formen des Lernens, die Entwicklung des Denkens sowie den Erwerb von Verhaltens- und Wertorientierungen. In diesem Kontext erweist sich das »*Erkennen und Aufarbeiten von Medieneinflüssen*« als wichtiges *Aufgabenfeld* (vgl. auch Schaumburg u. Prasse 2019, S. 52–103). Hierbei kann es sich um Einflüsse handeln, die z. B. durch die Nutzung von Computerspielen, Vorabendserien oder Kommunikations- und Videoplattformen entstehen. Für Kinder ist in solchen Zusammenhängen besonders bedeutsam, dass sie ein Gespür für möglicherweise auftretende hemmende Emotionen (z. B. Angst), irreführende Vorstellungen (z. B. über die Wirklichkeit), problematische Verhaltens- und Wertorientierungen (z. B. aggressives Verhalten) oder Beeinträchtigungen sozialen Miteinanders (z. B.

durch Anonymität bei der Kommunikation) entwickeln. Zugleich geht es um Möglichkeiten, negativen Einflüssen entgegenzuwirken.

*Medienlandschaft und ihre digitalen Grundlagen*: Der allgemeine Hintergrund für diesen Inhaltsbereich liegt in Merkmalen der Medienlandschaft, wie sie in Abschnitt 1.3 skizziert wurden: inhaltliche und gestalterische Vielfalt, ökonomische Orientierung und Digitalisierung sowie digitale Infrastruktur. Das entsprechende *Aufgabenfeld* lässt sich als »*Erfahren und Bewerten von Merkmalen der Medienlandschaft*« bezeichnen. Für Kinder geht es hier besonders um Orientierungen in dem vielfältigen Angebot und darum, auf für sie geeignete Angebote und ihre Zugangsmöglichkeiten aufmerksam zu werden. Außerdem sollen sie einen ersten Einblick in digitale Grundlagen der medialen Möglichkeiten erhalten. Bezüglich der digitalen Grundlagen sind für Kinder z. B. die Erkenntnisse wichtig, dass man mediale Informationen, etwa schriftliche Texte, Bilder oder Töne, in binäre Daten umwandeln und dann in Computern verarbeiten kann, dass sich Vorgehensweisen in kleine Schritte zerlegen und als Anweisungen in eine »Sprache« übersetzen lassen, welche der Computer »versteht« und in Form von Algorithmen ausführt, dass Computer aufgrund ihrer weiten Verbreitung und des Datenaustausches bzw. der Vernetzung untereinander auf immer mehr Daten zugreifen und sehr schnell verarbeiten, dass Informatiksysteme mittlerweile auch selbst »lernen« können, z. B. Tiere zu erkennen, Spiele zu gewinnen, ein Bild zu malen oder als Roboter einen Rasen zu mähen oder ein vorgegebenes Ziel anzusteuern (vgl. auch Gärtig et al. 2020; GI 2018). Auf entsprechende informatische Konzepte wird in diesem Band allerdings nur kurz mit Blick auf technische Aspekte des Internets eingegangen (▸ Kap. 8.6), ansonsten sei hierzu auf den eigenständigen Band zur informatischen Bildung in dieser Reihe sowie auf Thumel, Kammerl u. Irion (2020) und Aufenanger (2017) verwiesen.

*Bedingungen der Medienproduktion und Medienverbreitung*: Für diesen Inhaltsbereich enthalten die Ausführungen zu Merkmalen der Medienlandschaft in Abschnitt 1.3 einzelne Hintergrundinformationen. Insgesamt geht es um technische, rechtliche, ökonomische, personale, institutionelle, politische und weitere gesellschaftliche Bedingungen. Solche Bedingungen legen als weiteres *Aufgabenfeld* – zunächst in allgemeiner Formulierung – das »*Durchschauen und Beurteilen von Bedingungen der Medienproduktion und Medienverbreitung*« nahe. Für Grundschulkinder kann es hier – auch angesichts der Komplexität – nur um erste Erschließungen gehen. Diese sollten darauf gerichtet sein, technische Bedingungen (z. B. technische Aspekte des Internets), rechtliche Bedingungen (z. B. hinsichtlich von Datenschutz, Urheberrecht und Jugendschutz), ökonomische Bedingungen (z. B. bezüglich des Gewinnstrebens durch hohe Verkaufs-, Einschalt- oder Klickzahlen und entsprechende Werbeeinnahmen) und institutionelle Bedingungen (z. B. mit Blick auf Ansprechpartner für das Kinderprogramm in Rundfunkanstalten) bewusst zu machen.

**Formen und Bereiche der Mediennutzung**

In Abschnitt 1.2 wurden verschiedene Grundformen der Mediennutzung sowie mehrere Nutzungsbereiche angesprochen. Bei den Grundformen ging es vor allem um Medienrezeption und Medienproduktion sowie um Interaktion mit und mithilfe von Computern. Bezüglich der Nutzungsbereiche wurden genannt: Stimmungsregulation, Unterhaltung, Spiel, Lernen, Kommunikation, eigene Darstellung, Analyse, Simulation, Inanspruchnahme von Dienstleistungen sowie Steuerung und Kontrolle. Dabei wurde auch auf Überschneidungen hingewiesen: zwischen den Grundformen, z. B. zwischen Rezeption und Produktion bei der interaktiven Mediennutzung, sowie zwischen den Nutzungsbereichen, z. B. zwischen Spiel, Unterhaltung und Information. Grundsätzlich könnte jede Grundform und jeder Nutzungsbereich als Basis für ein nutzungsbezogenes Aufgabenfeld von Medienerziehung und Medienbildung dienen. Allerdings würde dies zu einer zu großen Aufsplitterung führen und hinsichtlich der Fülle auch die Möglichkeiten der Grundschule übersteigen. Aus diesem Grund sollen hier nur die folgenden vier nutzungsbezogenen Aufgabenfelder im Sinne einer notwendigen Prioritätensetzung für

## 6 Rahmen für die Medienerziehung und Medienbildung in der Grundschule

die Grundschule ausgeführt werden: reflektierte Nutzung von medialen Möglichkeiten für

* Information und Lernen,
* Unterhaltung und Spiel,
* Austausch und Kooperation,
* Gestaltung und Präsentation eigener Beiträge.

Dabei beziehen sich die ersten beiden Aufgabenfelder schwerpunktmäßig auf die rezeptive Nutzung von medialen Möglichkeiten, das dritte Aufgabenfeld vor allem auf die interaktive Nutzung und das vierte Aufgabenfeld hauptsächlich auf die produktive Grundform. Auch hier geht es zunächst nur um eine kurze Charakterisierung der ausgewählten *nutzungsbezogenen Aufgabenfelder*. Entsprechende Unterrichts- und Projektideen werden in Kapitel 7 dargestellt und sind – wie auch für inhaltsbezogene Aufgabenfelder – im Internet bei einzelnen Bundesländern, Institutionen oder länderübergreifenden Einrichtungen zu finden (vgl. erneut Internet-ABC o. J.: Stiftung Medienpädagogik Bayern 2018; Medienkompetenzrahmen NRW o. J.).

*Reflektierte Nutzung medialer Möglichkeiten für Information und Lernen:* In diesem Aufgabenfeld ist es wichtig, dass Kinder mediale Möglichkeiten für Information und Lernen recherchieren, geeignete Angebote auswählen, Informationen herausarbeiten und strukturieren sowie Lernangebote angemessen nutzen, verschiedene Möglichkeiten zur Information und zum Lernen (einschließlich nicht-medialer Möglichkeiten) vergleichen und bewerten und die Erkenntnisse für die zukünftige Erarbeitung von Informationen bzw. für nachfolgende Lernvorgänge anwenden. Dabei sollen Kinder zugleich die Fähigkeit erwerben, vertrauenswürdige Informationsquellen von weniger vertrauenswürdigen zu unterscheiden, Möglichkeiten der Überprüfung von Informationen hinsichtlich ihrer Richtigkeit zu nutzen sowie Lernangebote bezüglich ihrer Qualität einzuschätzen.

*Reflektierte Nutzung medialer Möglichkeiten für Unterhaltung und Spiel:* Als Voraussetzungen dafür benötigen Kinder Kenntnisse zum Angebot für Unterhaltung und Spiel (einschließlich nicht-medialer Mög-

## 6.3 Ein konzeptioneller Rahmen

lichkeiten und kindgerechter Programme) sowie Fähigkeiten für eine angemessene Auswahl und vergleichende Bewertung verschiedener Angebote. Dabei kann mit den Kindern bedacht werden, inwieweit sie selbst einzelne Programme hilfreich oder spannend und interessant finden. Des Weiteren sollte auch die generelle Frage nach der Passung von Inhalt und Form bzw. nach Qualitätsmerkmalen für förderliche Unterhaltung und anregendes Spiel thematisiert werden. Zugleich geht es um eine Sensibilisierung der Kinder für erwünschte und unerwünschte Nebenwirkungen bei der Nutzung medialer Möglichkeiten, gegebenenfalls auch in Verbindung mit Fragen des Jugendschutzes.

*Reflektierte Nutzung medialer Möglichkeiten für Austausch und Kooperation*: Im Zusammenhang dieses Aufgabenfeldes soll es ermöglicht werden, dass Kinder Kenntnisse zu nicht-medialen und medialen Möglichkeiten für Austausch und Kooperation sowie zu Vorzügen und Begrenzungen im Vergleich erwerben und anwenden. Dabei sollten Kinder auch Gelegenheit erhalten, sich im Rahmen kindgerechter sozialer Netzwerke mit Bildern und/oder schriftlichen und/oder auditiven Beiträgen auszutauschen oder im Kontext von KinderWikis zu kooperieren. Da sich Kinder in der Regel aber auch in Kommunikationsräumen bewegen, die nicht ausschließlich ihnen vorbehalten sind, geht es zugleich um Möglichkeiten und Gefährdungen bei der Kommunikation im Netz, gegebenenfalls im Kontext mit Fragen des Datenschutzes. In diesem Zusammenhang ist eine Sensibilisierung der Kinder für Probleme im Internet sinnvoll, insbesondere wenn die Gefahr besteht, dass Kinder auf Mobbing oder Hetze, auf Gewalt- oder Horrordarstellungen, auf Dirty Talk oder Sexting bzw. generell auf nicht-kindgemäße und unangenehme Gefühle hervorrufende Inhalte oder Bekanntschaften stoßen.

*Reflektierte Nutzung medialer Möglichkeiten für die Gestaltung und Präsentation eigener Beiträge*: Hier steht im Mittelpunkt, dass Kinder Kenntnisse, Fertigkeiten und Fähigkeiten entwickeln, die es ihnen ermöglichen, selbst mediale Botschaften bzw. Produkte zu gestalten, z. B. Fotos, schriftliche Texte mit Bildern, Hörbeiträge, Videos oder Webseiten. Dabei können die eigenen Beiträge auf unterschiedliche

Zwecke gerichtet sein, z. B. Information, Lernen, Artikulation eigener Interessen, Spaß, Unterhaltung oder Spiel. Dafür stehen verschiedene Geräte oder »Werkzeuge« zur Verfügung, z. B. Kamera, Textverarbeitung, Mikrofon, Bild-, Film- oder Tonbearbeitungsprogramme. Im Zusammenhang mit den notwendigen technischen Fertigkeiten geht es jeweils um kreative Ideen und Umsetzungen. Bei komplexen Vorhaben sind außer guten Ideen eine geeignete Planung, gegebenenfalls in Gruppen, eine durchdachte Organisation, eine sorgfältige Ausführung sowie eine spezifische Vorbereitung von Präsentationen notwendig.

## Vorgehensweisen

Das Vorgehen bei der Umsetzung der angesprochenen inhalts- und nutzungsbezogenen Aufgabenfelder sollte in Übereinstimmung mit den langfristigen Zielperspektiven eines sachgerechten, selbstbestimmten, kreativen und sozial verantwortlichen Medienhandelns stehen. Dafür ist zunächst die Überlegung wichtig, dass ein sachgerechtes Handeln Problemlösefähigkeit, ein selbstbestimmtes Handeln Entscheidungsfähigkeit, ein kreatives Handeln Gestaltungsfähigkeit und ein sozial verantwortliches Handeln Beurteilungsfähigkeit voraussetzt. Mit diesen Voraussetzungen ist verbunden, dass Kinder wichtige Informationen als eine Grundlage angemessenen Handelns erkunden und einschätzen können. Demgemäß liegt es nahe, dass medienbezogene Unterrichtseinheiten oder Projekte durch eine Auseinandersetzung mit Erkundungsaufgaben, Problemen, Entscheidungsfällen, Gestaltungs- und/oder Beurteilungsaufgaben gekennzeichnet sein sollten.

Eine *Erkundungsaufgabe* kann u. a. darin bestehen, dass im Netz zu recherchieren ist, welche Gestaltungstechniken für Fotos existieren und welche Möglichkeiten beispielsweise bezüglich Einstellungsgröße, Blickwinkel, Kameraperspektive, Belichtungszeit, Beleuchtung, Farbe oder Inszenierung gegeben sind. Ein *Problem* ist z. B. gegeben, wenn die Frage entsteht, wie es Filmemachern gelingt, einzelne

Personen in Filmen von vornherein sympathisch oder unsympathisch erscheinen zu lassen. Eine *Entscheidungsfall* liegt u. a. vor, wenn Kinder sich mit Blick auf einen Geburtstag wünschen können, welches Spiel sie gern als Geschenk hätten. Eine *Gestaltungsaufgabe* ist dadurch gekennzeichnet, dass Kinder selbst einen medialen Beitrag gestalten, etwa einen Videoclip oder ein Tierbuch. Von einer *Beurteilungsaufgabe* kann man sprechen, wenn Kinder z. B. einen Chat im Netz hinsichtlich förderlicher oder hinderlicher Elemente für den Gedankenaustausch bewerten sollen.

Ausgehend von Aufgaben solcher Art können unter Aneignung des jeweils notwendigen Wissens und Könnens wichtige Inhalte, geeignete Problemlösungen, begründete Entscheidungen, kreative Gestaltungen und verantwortungsbewusste Entscheidungen erarbeitet werden. Dabei lassen sich auch verschiedene Aufgaben im Rahmen einer Unterrichtseinheit oder eines Projekts miteinander kombinieren. Beispielsweise könnte eine Erkundungsaufgabe zu Gestaltungstechniken bei einem Hörspiel in die Gestaltungsaufgabe einmünden, ein eigenes Hörspiel zu erstellen, und/oder in die Beurteilungsaufgabe, inwieweit bei einem ausgewählten Hörspiel die Gestaltungstechniken angemessen eingesetzt wurden. So werden exemplarische Erschließungen wichtiger medienbezogener Themen möglich. Zugleich besteht die Chance der Weiterführung eines exemplarisch erschlossenen Themas durch orientierende Vorgehensweisen. Beispielsweise könnte auf der Grundlage der gewonnenen Einsicht, dass für ein Hörspiel akustische Gestaltungstechniken eine wichtige Rolle spielen, ein Überblick über Gestaltungstechniken bei anderen Medien erarbeitet werden, z. B. bei schriftlichen Texten, Bildern oder Videos.

## 6.4 Zusammenfassende Konzeptdarstellung

Die obigen Überlegungen lassen sich gemäß Tabelle 6.1 zusammenfassen (vgl. auch Tulodziecki, Herzig u. Grafe 2021, S. 208).

**Tab. 6.1:** Konzeptioneller Rahmen für medienbezogene Erziehungs- und Bildungsaufgaben und ihre Umsetzung in der Grundschule

| Inhaltsbezogene Aufgabenfelder | Grundformen der Mediennutzung und Nutzungsbereiche in Konzentration auf vier nutzungsbezogene Aufgabenfelder: reflektierte Nutzung medialer Möglichkeiten für | | | |
|---|---|---|---|---|
| | *Information und Lernen* | *Unterhaltung und Spiel* | *Austausch und Kooperation* | *eigene Gestaltung und Präsentation* |
| *Unterscheiden und Einschätzen von medialen Gestaltungsmöglichkeiten* (▶ Kap. 4.3 u. 4.4): Darstellungsformen, Gestaltungstechniken, Gestaltungsformen, Erzeugungsarten | | | | |
| *Erkennen und Aufarbeiten von Medieneinflüssen* (▶ Kap. 1.4): Emotionen, Vorstellungen, Verhaltens- und Wertorientierungen, soziale Zusammenhänge | | | | |
| *Erfahren und Bewerten von Merkmalen der Medienlandschaft* (▶ Kap. 1.3): Vielfalt der Inhalte und Formen bei Angeboten, ökonomische Orientierung, digitale Grundlagen, besondere Angebote für Kinder | | | | |

**Tab. 6.1:** Konzeptioneller Rahmen für medienbezogene Erziehungs- und Bildungsaufgaben und ihre Umsetzung in der Grundschule – Fortsetzung

| Inhaltsbezogene Aufgabenfelder | Grundformen der Mediennutzung und Nutzungsbereiche in Konzentration auf vier nutzungsbezogene Aufgabenfelder: reflektierte Nutzung medialer Möglichkeiten für | | | |
|---|---|---|---|---|
| | *Information und Lernen* | *Unterhaltung und Spiel* | *Austausch und Kooperation* | *eigene Gestaltung und Präsentation* |
| *Durchschauen und Beurteilen von Bedingungen der Medienproduktion und Medienverbreitung* (▶ Kap. 1.3): technische, rechtliche, ökonomische und institutionelle Bedingungen | | | | |

**Zielbereiche:** Handhabungsfertigkeiten, Kommunikationsfähigkeit, Kenntnis und Verstehen medienbezogener Inhalte, Recherche- und Strukturierungsfähigkeit, Analyse und Bewertungsfähigkeit, Problemlöse-, Entscheidungs-, Gestaltungs- und Urteilsfähigkeit, Handlungsbereitschaft und Handlungsfähigkeit.
**Vorgehen:** erkundungs-, problem-, entscheidungs-, gestaltungs- und beurteilungsorientierte Unterrichtseinheiten und Projekte.

6.4 Zusammenfassende Konzeptdarstellung

Die Tabelle kann u. a. dazu dienen, vorhandene Unterrichtseinheiten oder Projekte einzuordnen oder weitere Themen für die Medienerziehung und Medienbildung festzulegen. Dabei sollten Unterrichtseinheiten oder Projekte zwar durch einen deutlichen Akzent oder Ausgangspunkt bei einem inhalts- oder nutzungsbezogenen Aufgabenfeld gekennzeichnet sein, sie werden in der Regel jedoch Bezüge zu anderen Aufgabenfeldern aufweisen.

> **Hinweise für die Weiterarbeit**
> Betrachten Sie bitte noch einmal die Eingangsbeispiele (1) bis (5). Oben wurde darauf hingewiesen, dass sie mögliche Umsetzungen medienbezogener Erziehungs- und Bildungsaufgaben darstellen. In diesem Zusammenhang können Sie nun auf der Grundlage des hier entwickelten Rahmens überlegen, welche Aufgabenfelder sich in den Beispielen (2) bis (5) schwerpunktmäßig widerspiegeln und welche Aufgabenfelder noch in weiteren Unterrichtseinheiten oder Projekten umgesetzt werden sollten.
> Wenn Sie die Gelegenheit dazu haben, können Sie auch mit Personen aus Ihrem Umfeld ein Gespräch zu der Frage führen, was Medienerziehung und Medienbildung in der Grundschule leisten sollten. Rufen Sie sich anschließend einzelne Äußerungen ins Gedächtnis und analysieren Sie diese im Hinblick auf mögliche Grundpositionen oder Aufgabenfelder, die sich in den Äußerungen widerspiegeln.

Für die Planung und Durchführung von Unterrichtseinheiten oder Projekten zu den inhalts- und/oder nutzungsbezogenen Aufgabenfeldern in der Grundschule ist es hilfreich, über medienwissenschaftliches Grundwissen zu verfügen. In den Kapiteln 1 bis 5 wurden zwar immer wieder wichtige medienwissenschaftliche Grundlagen aufgezeigt. Im Rahmen dieses Bandes kann jedoch – schon aus Umfangsgründen – keine weitergehende Darstellung medienwissenschaftlicher Grundlagen erfolgen. Insofern ist zu empfehlen, zu einzelnen Themen weitere Quellen hinzuziehen. Gut aufbereitete Informationen zu medienwis-

## 6.4 Zusammenfassende Konzeptdarstellung

senschaftlichen Fragen findet man z. B. auf den betreffenden Webseiten der Bundeszentrale für politische Bildung (bpb). Als Startseite kann dazu die Webseite zu »Massenmedien« genutzt werden: https://www.bpb.de/izpb/7485/massenmedien. Dort lassen sich auch weitere Suchbegriffe eingeben, sodass sich viele wichtige medienwissenschaftliche Grundlagen erschließen lassen.

In den folgenden zwei Kapiteln geht es um die unterrichtliche Umsetzung der in diesem Kapitel skizzierten Aufgabenfelder.

# 7

# Nutzungsbezogene Aufgabenfelder der Medienerziehung und Medienbildung

Im vorherigen Kapitel wurden mit Bezug auf verschiedene Nutzungsformen und Nutzungsbereiche von Medien vier *nutzungsbezogene Aufgabenfelder* beschrieben. Dabei ging es um eine reflektierte Nutzung medialer Möglichkeiten in den Bereichen

- Information und Lernen,
- Unterhaltung und Spiel,
- Austausch und Kooperation,
- Gestaltung und Präsentation eigener Beiträge.

In diesem Kapitel soll die Umsetzung dieser Aufgabenfelder in Form von Unterrichtseinheiten oder Projekten in den Mittelpunkt gestellt werden. Dazu wird nachstehend zunächst ein mögliches Unterrichtsbeispiel skizziert. Dieses und die folgenden Beispiele sollen Ideen für die Unterrichts- oder Projektgestaltung aufzeigen. Die konkrete Umsetzung muss letztlich auf die vor Ort gegebenen Bedingungen und Voraussetzungen abgestimmt werden. Das bedeutet auch, dass sich möglichweise einzelne Ideen an einer bestimmten Grundschule nicht oder nur schwer realisieren lassen. Insbesondere können mangelnde Ausstattungen, andere Lernvoraussetzungen bei den Kindern oder unzureichende Aus- und Fortbildungen von Lehrpersonen die Umsetzung einzelner Idee erschweren. Aufgrund der Vielfalt der Beispiele wird jedoch jede Grundschule hinreichende Möglichkeiten für medienpädagogische Aktivitäten finden. Zugleich sollen die Beispiele anregen, gegebenenfalls eine Verbesserung der schulischen Bedingungen für die Medienbildung ins Auge zu fassen (▶ Kap. 9).

## 7.1  Projektbeispiel: Bedrohte Tierarten

Ein Projekt zur reflektierten Nutzung von medialen Möglichkeiten für *Information* und *Lernen* könnte in einer dritten oder vierten Klasse etwa folgendermaßen ablaufen:

(1) Eine Lehrperson bringt den Hinweis ein, dass im Radio und Fernsehen oder im Internet immer mal wieder Meldungen zu bedrohten Tierarten erscheinen. Sie regt die Kinder an zu erzählen, was sie gegebenenfalls schon über bedrohte Tierarten wissen. Die Kinder äußern sich dazu. Die Äußerungen werden an einer Tafel festgehalten. Danach zeigt die Lehrperson einzelne Fotos von Tieren und fragt, ob die Kinder meinen, dass die entsprechende Tierart vom Aussterben bedroht sei. Des Weiteren stellt die Lehrperson einzelne Fragen, von denen sie annimmt, dass sie Interesse

wecken und den Kindern so bewusst wird, dass ihnen weitergehendes Wissen fehlt, z. B.: Wodurch entsteht die Bedrohung einzelner Tierarten? Wie groß ist die Gefährdung, dass sie aussterben? Was wird getan, um Bedrohungen von Tierarten zu verringern? Im Anschluss an das Gespräch macht die Lehrperson den Vorschlag, weitere Informationen zu bedrohten Tierarten zu erkunden und mit der Klasse eine eigene Tierbroschüre zu erstellen, in der ausgewählte bedrohte Arten beschrieben und mit Bildern dargestellt werden.

(2) Mit Blick auf diese Aufgabe betont die Lehrperson, dass die Kinder so lernen können, Informationen zu erkunden, diese nach wichtigen Gesichtspunkten zu gliedern und die Informationen für andere in übersichtlicher Form darzustellen. Dabei soll den Kindern klar werden, dass dies nicht nur für das anstehende Thema gilt, sondern ihnen die Möglichkeit eröffnet, entsprechende Arbeitstechniken und Vorgehensweisen auch bei anderen Fragen anzuwenden.

(3) Die Lehrperson kommt auf die eingangs angesprochenen Fragen zurück und sammelt gegebenenfalls weitere Fragen zu bedrohten Tierarten. Sie vereinbart mit den Kindern, wichtige Fragen auf einer Seite zusammenzustellen und als Gliederungspunkte für die Erkundungen bzw. Recherchen zu verwenden. Ein Muster dafür wird in der Klasse als Kopiervorlage erarbeitet. Diese soll später dazu dienen, jeweils eine Seite für ausgewählte Tierarten mit einem Bild zu gestalten. Für die Erkundungen wird geplant, unterschiedliche Internet-Suchmaschinen zu benutzen. Dabei sollen die Kinder in Partnerarbeit zu einer ausgewählten Tierart Informationen suchen und dafür zwei unterschiedliche Suchmaschinen nutzen: eine Kindersuchmaschine und eine allgemeine Suchmaschine.

(4) Falls die Kinder den Umgang mit Suchmaschinen noch nicht kennen, bearbeiten sie zwei Lernmodule aus dem »Internet-ABC«:

## 7.1 Projektbeispiel: Bedrohte Tierarten

»Unterwegs im Internet – so geht's!« und »Suchen und Finden im Internet« (https://www.internet-abc.de/kinder/lernmodule/). Denkbar ist auch der Einschub einer Unterrichtseinheit, wie sie z. B. unter dem Titel »Suchmaschinen kompetent nutzen« bei klicksafe. de (2018) beschrieben ist. Wenn die Kinder in der Lage sind, mit Suchmaschinen umzugehen, führen sie in Partnerarbeit (z. B. unter Nutzung von www.blindekuh.de oder www.helles-köpfchen.de oder www.fragfinn.de) zunächst eine erste Suche zum Thema durch und wählen jeweils eine Tierart aus, für die sie gern eine Seite gestalten möchten. Ehe eine detaillierte Recherche beginnt, wird vereinbart, wer welche Tierart übernimmt und welche Suchmaschinen nutzt. Dann beginnt die Suche, wobei sich die Kinder Notizen auf den Kopiervorlagen machen.

(5) Auf der Grundlage der Notizen gestalten die Kinder in Partnerarbeit zu der übernommenen Tierart eine Seite mit Fotos und kurzen Texten gemäß den vereinbarten Fragen oder Gliederungspunkten. Dies geschieht je nach den Voraussetzungen der Kinder und den Intentionen der Lehrperson entweder handschriftlich auf einzelnen DIN A4-Blättern, auf die auch ausgedruckte Fotos geklebt werden können, oder mithilfe eines Textverarbeitungssystems, wobei die Seiten anschließend ausgedruckt werden. Falls sich die Kinder noch nicht mit dem Kopieren und Verwenden von Bildern (einschließlich Urheberrechtsbestimmungen) auskennen, bearbeiten sie begleitend das Lernmodul »Text und Bild – kopieren und weitergeben« aus dem »Internet-ABC«.

(6) Die gestalteten DIN A4-Seiten werden anschließend an eine Leiste an der Wand geheftet, von den jeweiligen Partnern vorgestellt und mit den anderen Kindern besprochen. Wenn sich dabei Verbesserungsbedarf bei einzelnen Seiten zeigt, wird Zeit für eine Überarbeitung eingeräumt.

Danach werden die Kinder gebeten zu erläutern, mit welcher Kindersuchmaschine und mit welcher allgemeinen Suchmaschine sie gearbeitet haben. Dabei sollen sie Vorzüge und mögliche

Nachteile von Kindersuchmaschinen gegenüber allgemeinen Suchmaschinen ansprechen. Wichtige Vorzüge und Nachteile zu den verwendeten Suchmaschinen werden zusammengestellt.

(7) Die so erworbenen Kenntnisse werden für eine Suche zu einer weiteren bedrohten Tierart in Partnerarbeit genutzt, wobei jeweils eine andere Kindersuchmaschine und eine andere allgemeine Suchmaschine verwendet werden. Auch für die zweite Tierart wird in Partnerarbeit eine DIN A4-Seite gestaltet und in der Klasse vorgestellt. Anschließend werden die verschiedenen Tierseiten zu einer Klassenbroschüre zum Thema »Bedrohte Tierarten« zusammengefügt, sodass sie anderen Schülerinnen und Schülern oder den Eltern vorgestellt werden können.

(8) Nachdem die Klassenbroschüre vorliegt, regt die Lehrperson an zu überlegen, welche weiteren Möglichkeiten bestanden hätten, sich über bedrohte Tierarten zu informieren. Solche Möglichkeiten werden zusammengestellt, z. B. Besuch in einem Zoo und Gespräch mit einem Tierexperten, Anschauen eines Films zu bedrohten Tierarten oder Nutzung von Sachbüchern in einer Bibliothek. Wenn es von den Rahmenbedingungen her möglich ist, wird eine der Varianten durchgeführt. Abschließend erfolgt ein Austausch zu Vorzügen und Nachteilen bei der Nutzung der erfahrenen Möglichkeiten für Information und Lernen.

Dieses Projekt ist so beschrieben, dass es von den technischen Voraussetzungen her in vielen Schulen durchgeführt werden kann. Bei entsprechender Ausstattung wäre es auch denkbar, das Tierbuch von vornherein oder zusätzlich als E-Book zu planen und zu gestalten. In diesem Fall ließe es sich leicht mithilfe eines Beamers präsentieren und gegebenenfalls auch den Eltern zugänglich machen (z. B. über eine Cloud).

In jedem Fall werden an dem obigen Ablauf verschiedene Gesichtspunkte erkennbar, die bei der Umsetzung nutzungsbezogener Aufgabenfelder generell bedeutsam sind und die bei der Planung von

Unterrichtseinheiten und Projekten zur Medienerziehung und Medienbildung beachtet werden sollten.

## 7.2 Merkmale von Unterrichtseinheiten oder Projekten zu nutzungsbezogenen Aufgabenfeldern

Unterrichtseinheiten oder Projekte zu nutzungsbezogenen Aufgabenfeldern sollten Merkmale folgender Art aufweisen:

- *Erfahren und Bedenken unterschiedlicher medialer Möglichkeiten im Hinblick auf einen Nutzungszweck:* So werden im obigen Beispiel neben der Informationssuche im Internet die Möglichkeiten der Rezeption von Filmen sowie der Nutzung von Sachbüchern, gegebenenfalls im Rahmen eines Bibliotheksbesuchs, angesprochen.
- *Einbezug nicht-medialer Möglichkeiten bezogen auf den Nutzungszweck:* Demgemäß wird in dem skizzierten Projekt auch die Möglichkeit der Information und des Lernens durch einen Zoobesuch und durch ein Gespräch mit einem Tierexperten thematisiert.
- *Kennenlernen geeigneter Angebote für Kinder:* Beispielsweise geht es im obigen Beispiel um das Kennenlernen von Kindersuchmaschinen und um Lernmodule für Kinder aus dem »Internet-ABC«.
- *Bewertender Vergleich verschiedener medialer und gegebenenfalls auch nicht-medialer Möglichkeiten:* In diesem Sinne wird in dem beschriebenen Projekt über Vorzüge und mögliche Nachteile sowohl verschiedener Suchmaschinen als auch verschiedener Möglichkeiten der Information und des Lernens gesprochen.
- *Aneignung notwendiger Handhabungsfertigkeiten und Kenntnisse für eine sachgemäße Nutzung der jeweiligen medialen Möglichkeiten:* So können die Kinder bei der Suche nach Informationen zu bedrohten Tierarten die Handhabung von Suchmaschinen erlernen sowie

# 7 Nutzungsbezogene Aufgabenfelder der Medienerziehung und Medienbildung

wichtige Kenntnisse zum Kopieren und Weitergeben von Bildern und Texten erwerben.

- *Grundlegung einer reflektierten und zweckbezogenen Auswahl medialer Möglichkeiten:* Mit der Erfahrung und dem bewertenden Vergleich unterschiedlicher Varianten der zweckbezogenen Nutzung medialer und nicht-medialer Möglichkeiten sollen gleichzeitig wichtige Grundlagen für eine reflektierte Auswahl bei späteren Nutzungsentscheidungen erworben werden.

Neben diesen nutzungsbezogenen Merkmalen weist das obige Projekt weitere Merkmale didaktischer und mediendidaktischer Art auf, die auch für andere medienpädagogische Unterrichtseinheiten oder Projekte wünschenswert sind:

- *Kombination verschiedener lern- und entwicklungsförderlicher Aufgabenformen:* In Abschnitt 6.3 wurde die Auseinandersetzung mit Erkundungsaufgaben, Problemen, Entscheidungsfällen, Gestaltungs- und Beurteilungsaufgaben als lern- und entwicklungsförderlich erläutert. Von diesen Aufgabenformen wurden im obigen Projekt eine Erkundungsaufgabe (Recherche zu bedrohten Tierarten) mit einer Gestaltungsaufgabe (Erstellung einer Tierbroschüre) verbunden. In anderen Unterrichtseinheiten oder Projekten können aber auch andere Kombinationen gewählt werden (siehe dazu die folgenden Kapitel).
- *Strukturierung der Abläufe in lern- und entwicklungsförderliche Phasen:* So lassen sich in dem skizzierten Beispiel Phasen folgender Art erkennen: (1) Herstellen von Erfahrungsbezügen und Entwickeln einer Aufgabenstellung, (2) Klärung von Zielen und Bedenken ihrer Bedeutsamkeit, (3) Zusammenstellung zu bearbeitender Fragen und Verständigung zum Vorgehen, (4) Erarbeitung von Grundlagen für die Aufgabenlösung, (5) Beziehen der Grundlagen auf die Aufgabenstellung und Lösung der Aufgabe, (6) Vorstellen und Vergleichen verschiedener Lösungswege und Lösungen mit Zusammenfassungen, (7) Anwendung des Gelernten, (8) Weiterführung und Reflexion des Gelernten. Diese Phasen sind nicht als

## 7.2 Merkmale von Unterrichtseinheiten und Projekten

starres Schema zu verstehen, sondern als ein Grundmuster, das unterschiedlich modifiziert und variiert werden kann.

* *Verbindung von exemplarischem und orientierendem Lernen:* In dem beschriebenen Projekt wird z. B. in den skizzierten Phasen (1) bis (7) exemplarisch gearbeitet (beispielbezogene Internetrecherchen und Darstellung von themenbezogenen Suchergebnissen in strukturierter Form). In Phase (8) wird der Blick in orientierender Weise auf weitere mediale und nicht-mediale Möglichkeiten für das Lernen und für Erkundungen gerichtet.

* *Reflektierte Nutzung medialer Möglichkeiten in unterschiedlichen Phasen von Unterrichtseinheiten und Projekten:* In diesem Sinne werden mediale Möglichkeiten im obigen Projekt z. B. genutzt, um Vorwissen der Kinder zu aktivieren und eine Aufgabenstellung zu entwickeln (Präsentation von Tierbildern in Phase 1), um Fragestellungen bzw. Gesichtspunkte für die Erarbeitung von Grundlagen festzuhalten (Erstellen einer Kopiervorlage in Phase 3), um wichtige Grundlagen für die Lösung der Eingangsaufgabe zu erarbeiten und relevante Informationen zusammenzustellen (Nutzung eines Lernmoduls und Festhalten lösungsrelevanter Notizen in Phase 4), um eine Aufgabenlösung zu entwerfen (Ausgestaltung der Tierseiten in Phase 5), um die Lösung zu präsentieren und wichtige Einsichten festzuhalten (Vorstellung der Tierseiten und Zusammenstellung des Gelernten in Phase 6), um Anwendungsaufgaben zu bearbeiten und Lösungen vorzustellen (Nutzung medialer Möglichkeiten zur Aufgabenbearbeitung und Lösungspräsentation in Phase 7), um Weiterführungen zu unterstützen (Erkundung weiterer medialer Möglichkeiten in Phase 8). Dabei kommen die Medien in unterschiedlichen Grundfunktionen zur Geltung: als *Träger von Informationen*, z. B. zu bedrohten Tierarten, als *Werkzeuge*, z. B. zur Speicherung und Gestaltung medialer Botschaften, sowie als *Gegenstand* der Analyse und Beurteilung, z. B. bei der Diskussion erstellter Tierseiten.

Solche Vorgehensweisen und damit verbundene Mediennutzungen sollen für Kinder zugleich ein Muster für eine sinnvolle Verwendung von Medien bei selbsttätigen Aufgabenbearbeitungen liefern.

In den folgenden Abschnitten werden weitere Ideen für nutzungsbezogene Aufgabenfelder skizziert. Die Skizzen sollen – wie eingangs angesprochen – vor allem der Anregung für eigene Entwürfe dienen und bedürfen für konkrete Durchführungen der weiteren Ausgestaltung und gegebenenfalls auch der Veränderung mit Blick auf die jeweilige Situation, die Besonderheiten der Lerngruppe und die Bedingungen der Schule.

## 7.3 Weitere Unterrichts- und Projektideen zur reflektierten Nutzung von medialen Möglichkeiten für Information und Lernen

Während es im obigen Projekt zu bedrohten Tierarten schwerpunktmäßig um die Nutzung medialer Möglichkeiten für *Information* und die Beurteilung unterschiedlicher *Suchmaschinen* geht, ist das – vorher in Abschnitt 6.1 skizzierte – Beispiel des Sachunterrichts vor allem auf das *Lernen* und die Bewertung verschiedener *Lernformen* gerichtet. Die folgenden unterrichtlichen Skizzen stellen weitere Beispiele für die Umsetzung dieses Aufgabenfeldes dar:

> (1) Eine Lehrerin bringt die *Problemstellung* ein, wie man erklären kann, dass es im Sommer warm und im Winter kalt ist. Dazu stellt sie auf mehreren Arbeitstischen unterschiedliche Informationsmöglichkeiten zur Verfügung: Sachbücher, Laptops für Internetrecherchen sowie Planetenmodelle. Es wird vereinbart, dass die Kinder in Kleingruppen die Stationen reihum bearbeiten und versuchen, Erklärungen für die unterschiedlichen Temperaturen in verschiedenen Jahreszeiten zu finden, diese zu notieren und in Skizzen darzustellen. Nach der Durchführung werden die verschiedenen Erklärungen vorgestellt und besprochen. Des Weiteren fragt die Lehrerin nach den Erfahrungen bei der Informationssuche

## 7.3 Nutzung von medialen Möglichkeiten für Information und Lernen

und beim Lernen an den unterschiedlichen Stationen und bedenkt mit den Kindern Vorzüge und Grenzen der verschiedenen Möglichkeiten. Abschließend werden Fragen zur Sprache gebracht, die die Kinder gegebenenfalls noch zum Thema haben oder die die Lehrerin im Sinne einer orientierenden Einordnung für wichtig hält.

(2) Ein Lehrer führt einen Unterricht zum Addieren und Subtrahieren von Zahlen durch. Bezüglich des Addierens können die Kinder wählen, ob sie jeweils einzeln an einem Computer mit einem Lern- und Übungsprogramm oder ob sie in Partnerarbeit mit Arbeitsblättern lernen und üben möchten. Vor der *Entscheidung* fragt der Lehrer, was für das eine oder andere spricht. Danach entscheiden sich die Kinder für eine Lernform und führen diese aus. Anschließend wird besprochen, was den Kindern bei der jeweiligen Lernform gefallen und was ihnen weniger gefallen hat. Danach lernen die Kinder mit der jeweils anderen Lernform. Abschließend werden Vorzüge und mögliche Nachteile der beiden Lernformen bedacht und um Überlegungen ergänzt, welche anderen Varianten des Lernens und Übens noch möglich gewesen wären.

(3) In einer Klasse mit Kindern aus Familien, von denen die Lehrerin weiß, dass sie sich hin und wieder einen Urlaub leisten können, skizziert die Lehrerin die Situation einer Familie, die eine Urlaubsreise plant. Die Familie muss entscheiden, welche Ferienwohnung sie wählt. Dazu präsentiert die Lehrerin zu drei Wohnungen Bilder und bewertende Gäste-Kommentare von den jeweiligen Webseiten der Anbieter. Die Lehrerin führt eine Abstimmung zu der Frage durch, welche Ferienwohnung sie der Familie spontan empfehlen würden. Jetzt fragt die Lehrerin, ob die Kinder schon einmal erlebt haben, dass sie bei einer Urlaubsreise mit den Eltern von der gewählten Ferienwohnung enttäuscht waren, und ob sie die Webseiten der jeweiligen Anbieter für glaub- und vertrauenswürdig halten. Es wird ins Auge gefasst, dass die Kinder im weiteren Verlauf mit Rückgriff auf Informationen aus anderen Quellen ihre spontane Meinung zu

> der empfohlenen Ferienwohnung noch einmal überdenken. Dazu bespricht sie zunächst mit den Kindern, warum man Bildern und Kommentaren auf Webseiten von Anbietern nicht blindlings vertrauen sollte (vgl. dazu Averesch 2010). Danach erarbeiten die Kinder unter Hinzuziehung weiterer Gäste-Kommentare auf mindestens zwei Reiseportalen eine erneute Empfehlung für eine Ferienwohnung in Kleingruppen und präsentieren sie in der Klasse. Die Stellungnahmen werden mit einer Zusammenfassung wichtiger Erkenntnisse diskutiert. Anschließend bespricht die Lehrerin weitere Situationen, in denen man Informationen aus dem Internet nicht ohne Weiteres vertrauen sollte, und was man gegebenenfalls tun kann, um Internet-Informationen zu überprüfen.

Von medienpädagogischen Einheiten solcher Art ist zu erwarten, dass Kinder wichtige Erkenntnisse zur Nutzung medialer Möglichkeiten für Information und Lernen erwerben.

## 7.4 Unterrichts- und Projektideen zur reflektierten Nutzung von medialen Möglichkeiten für Unterhaltung und Spiel

Dieses Aufgabenfeld kann u. a. durch Unterrichtseinheiten oder Projekte folgender Art umgesetzt werden:

> (1) Ein Lehrer führt mit den Kindern ein Gespräch zu Möglichkeiten, spannende und unterhaltende Geschichten kennenzulernen. Dabei stellt er in Aussicht, dass in der Folgezeit besondere Medienangebote für Kinder in Blick genommen und hinsichtlich ihrer Vorzüge und möglicher Nachteile beurteilt werden sollen. Er schlägt vor, aus dem Unterhaltungsangebot für Kinder ein Hörspiel, ein Kinderbuch und einen Film zum selben Thema zu ver-

gleichen. Zunächst hört er mit den Kindern das betreffende Hörspiel und fragt, was ihnen daran gefallen und weniger gefallen hat. Anschließend sollen die Kinder als Hausaufgabe den entsprechenden Kinderbuchtext lesen. Danach bespricht er mit den Kindern, was sie beim Lesen im Vergleich zum Hörspiel besser oder schlechter fanden. Nun wird der betreffende Film präsentiert. In der Folge erarbeiten die Kinder in Kleingruppen Vorzüge und Nachteile der drei Medienarten unter dem Aspekt der Unterhaltung. Als Anwendungsfall skizziert der Lehrer die Situation eines Kindes, das sich zu seinem Geburtstag ein Hörspiel, ein Buch oder einen Film aus der Reihe »Die drei ???« wünschen kann. In Kleingruppen werden kurze Stellungnahmen erarbeitet, was sie als Geschenk wählen würden. Abschließend bespricht der Lehrer weitere Möglichkeiten der Unterhaltung, z. B. Besuch eines Theaterstücks oder eines Zirkus (vgl. zu anderen medialen Gestaltungsvarianten bei einem solchen Projekt: PH Ludwigsburg 2019).

(2) Eine Lehrerin schlägt vor, einen gemeinsamen Spielenachmittag in der Schule zu planen, an dem auch Eltern teilnehmen sollen. Dazu sammelt sie Ideen der Kinder. Anschließend werden vier Spielstationen vorgesehen: eine mit Brettspielen, eine mit Kartenspielen, eine mit Computerspielen (z. B. Super Mario, Minecraft) und eine mit Bewegungsspielen (auf dem Schulhof). Für die Stationen können Kinder Spiele oder Spielgeräte von zuhause mitbringen. Der Spielenachmittag wird so organisiert, dass die Gesamtgruppe sich zunächst in vier Teilgruppen aufteilt, die jeweils für ca. eine Stunde die Spiele einer Station nutzen. Danach erfolgt ein Wechsel zu einer anderen Station, sodass jede Teilgruppe Erfahrungen mit zwei Spielarten machen kann. Am folgenden Tag bildet die Lehrerin Kleingruppen mit Kindern, die jeweils Spielarten der gleichen Art erlebt haben. In den Kleingruppen werden Vorzüge und mögliche Probleme der erlebten Spielarten zusammengestellt, dann in der Klasse vorgestellt und diskutiert. In einem anschließenden Gespräch bedenkt die Lehrerin mit den Kindern weitere Möglichkeiten der Freizeitgestaltung.

(3) Über solche Einheiten oder Projekte hinaus bietet es sich in diesem Aufgabenfeld an, mögliche Konfliktfälle mit Eltern zu thematisieren, weil solche häufig im Zusammenhang mit der kindlichen Mediennutzung zu Spaß, Vergnügen und Spiel entstehen. So könnte z. B. die in Kapitel 2 skizzierte Situation von Mila und ihrem Smartphone gemäß den unterrichtlichen Hinweisen in Abschnitt 2.5 thematisiert werden. Auch die in Kapitel 5 skizzierte Situation von Felix mit der Entscheidungsnotwendigkeit zwischen Fernsehserie und Kinderbuch ließe sich als Ausgangssituation für eine Unterrichtseinheit verwenden, Dabei sollten dann auch Entwicklungsaspekte gemäß den Hinweisen in Abschnitt 5.4 besondere Beachtung finden. Des Weiteren ist es möglich, Konfliktfälle einzuführen, bei denen Fragen des Jugendschutzes tangiert sind. Dazu wird in Abschnitt 8.6 ein Beispiel skizziert.

Unterrichtseinheiten und Projekte solcher Art können den Kindern die Chance eröffnen, das vielfältige Unterhaltungs- und Spielangebot in förderlicher Weise zu nutzen.

## 7.5 Unterrichts- und Projektideen zur reflektierten Nutzung von medialen Möglichkeiten für Austausch und Kooperation

Für eine Umsetzung dieses Aufgabenfeldes lassen sich u. a. Unterrichts- oder Projektideen folgender Art nutzen:

(1) Ein Lehrer skizziert folgenden Fall: Emma war lange Zeit eng mit Anna befreundet. Nun hat sie sich stärker mit Lena angefreundet und möchte sich in Zukunft häufiger mit ihr treffen. Dann bliebe

## 7.5 Nutzung von medialen Möglichkeiten für Austausch und Kooperation

ihr allerdings kaum noch Zeit für Anna. Sie überlegt, wie sie Anna dies am besten mitteilen könnte.

Ausgehend von diesem Fall fragt der Lehrer, welche Möglichkeiten für Emma bestehen, Anna über ihre neue Freundin zu informieren und ihr zu sagen, dass sie demnächst kaum noch Zeit für sie hätte. Mehrere Möglichkeiten werden angesprochen, z. B. direkt miteinander reden, telefonieren oder eine E-Mail schreiben. Der Lehrer stellt weitere Erkundungen zu den angesprochenen Kommunikationsmöglichkeiten in Aussicht, in deren Folge die Kinder später eine der Möglichkeiten für Emma empfehlen sollen. Zunächst bereiten die Kinder in einzelnen Kleingruppen ein Rollenspiel zu einem direkten Gespräch zwischen Emma und Anna und in anderen Kleingruppen ein Rollenspiel zu einem Telefonat vor. Die Rollenspiele werden durchgeführt und kurz besprochen. Danach hebt der Lehrer das Schreiben einer E-Mail als weitere Möglichkeit ins Bewusstsein. Als Exkurs führt er die Einheit »Mail4Kids« aus der Zusammenstellung von klicksafe.de (2018) durch. Alternativ ist es auch möglich, die Kinder das Lernmodul »E-Mail und Newsletter« bearbeiten zu lassen (https://www.internet-abc.de/kinder/lernmodule/). Anschließend schreiben die Kinder probeweise eine E-Mail, wie sie Emma an ihre bisherige Freundin Anna richten könnte. Nun bezieht sich der Lehrer noch einmal auf die Eingangssituation: Die Kinder sollen eine Stellungnahme erarbeiten, welche der drei durchgespielten Kommunikationsmöglichkeiten sie Emma empfehlen würden. Danach werden die Stellungnahmen in der Klasse vorgestellt und besprochen. Wichtige Vorzüge und Probleme der drei Kommunikationsmöglichkeiten werden zusammengestellt. Als Weiterführung ist es denkbar, dass der Lehrer noch andere Kommunikationsmöglichkeiten im Netz thematisiert. Gegebenenfalls kann er auch die Hausaufgabe stellen, die folgenden Lernmodule des »Internet-ABC« zu bearbeiten: »Chatten und Texten – WhatsApp und mehr« sowie »Soziale Netzwerke – Facebook und Co.« (https://www.internet-abc.de/kinder/lernmodule/). Abschließend werden mit den Kindern Regeln für die Kommunikation in digitalen Umgebungen gesammelt und festgehalten.

(2) Eine Lehrerin präsentiert den Kindern einige WhatsApp-Nachrichten, die auf ein beginnendes Cybermobbing schließen lassen (siehe zu Beispielen u. a.: https://www.internet-abc.de/kinder/lernmodul-cybermobbing-gefahr-schutz/). Die Lehrerin fragt, ob die Kinder Nachrichten dieser Art schon selbst einmal erhalten haben und wie man in solchen Fällen reagieren sollte. Sie lenkt das Gespräch darauf, dass solche Nachrichten benutzt werden, um jemanden »fertigzumachen«, und führt im Laufe des Gesprächs den Begriff des »Cybermobbing« ein. Des Weiteren fragt sie, was Mobbing für Betroffene bedeutet, warum es wichtig ist, Mobbing nicht zuzulassen, und was man dagegen tun kann. Nach spontanen Äußerungen der Kinder dazu schlägt die Lehrerin vor, sich weitergehend über Cybermobbing zu informieren und danach zu überlegen, wie man auf die eingangs präsentierten Nachrichten reagieren könnte. Nach einer Zusammenstellung damit verbundener Fragen bearbeiten die Kinder das Lernmodul »Cybermobbing – kein Spaß!« aus dem »Internet-ABC« (https://www.internet-abc.de/kinder/lernmodule/). Anschließend stellen sie in Kleingruppen mögliche Reaktionen zusammen, präsentieren diese in der Klasse und besprechen sie. Wichtige Erscheinungsformen von Mobbing und Möglichkeiten, etwas dagegen zu tun, werden festgehalten. In einer Weiterführung wirft die Lehrerin die Frage auf, welche anderen Gefahren noch im Internet lauern. Nach einer ersten Sammlung bearbeiten einzelne Kleingruppen das Lernmodul »Lügner und Betrüger im Internet« und andere das Lernmodul »Datenschutz – das bleibt privat!« (https://www.internet-abc.de/kinder/lernmodule/). Die Kinder stellen ihre Erkenntnisse danach in der gesamten Klasse vor. Abschließend werden unterschiedliche Gefahren im Internet zusammengestellt und wichtige Verhaltensregeln festgehalten.

(3) Ein Lehrer hat mit seiner Klasse viele Informationen zum Thema »Briefe, Pakete und Päckchen – unsere Post« erarbeitet. Er fragt die Kinder, wie man interessante Informationen zu diesem Thema anderen Kindern zugänglich machen könnte. U. a. wird die

Möglichkeit angesprochen, an einem Kinderlexikon im Internet mitzuarbeiten. Der Lehrer erläutert, dass er sich dazu beim Grundschulwiki der Zentralstelle für Unterrichtsmedien im Internet e. V. (ZUM.de 2016) angemeldet hat und nun allen Kindern seiner Klasse die Möglichkeit eröffnet, an dem dortigen Kinderlexikon mitzuarbeiten (siehe hierzu und auch zu den folgenden Aktivitäten https://grundschulwiki.zum.de/wiki/Hauptseite). Nach grundsätzlichen Informationen zur Mitarbeit an dem Kinderlexikon werden in Kleingruppen einzelne Beiträge zum Thema Post verfasst, wobei immer mindestens zwei Gruppen ein Teilthema bearbeiten. Unter Beachtung der Regeln für das Schreiben oder Verändern von Texten im Grundschulwiki stellt jeweils zunächst eine Kleingruppe einen Text ein, ehe eine zweite Gruppe, die dasselbe Thema bearbeitet hat, Ergänzungen oder Korrekturen vornimmt. Anschließend bespricht die Lehrperson Vorzüge und mögliche Probleme bei der Kooperation in einem Kinderwiki. Danach werden weitere Möglichkeiten kooperativen Arbeitens im Internet angesprochen und bedacht.

Mit Blick auf die zunehmende Bedeutung der kommunikativen Nutzung medialer Möglichkeiten durch Kinder und dabei möglicherweise auftretende Gefährdungen kommt Einheiten obiger Art ein besonderer Stellenwert zu.

## 7.6 Unterrichts- und Projektideen zur reflektierten Nutzung von medialen Möglichkeiten für die Gestaltung und Präsentation eigener Beiträge

Der in Abschnitt 6.1 angesprochene Fall, bei dem die Kinder eine Geschichte in der Form gemalter Bilder, inszenierter Fotografien und eines digital erstellten Comics gestalten, kann bereits als eine mögliche Umsetzung dieses Aufgabenfeldes gelten. Allerdings werden Umsetzungen dieses Aufgabenfeldes unter Umständen durch verschiedene Bedingungen erschwert, z. B. durch eine unzureichende Aus- und Fortbildung von Lehrpersonen und durch den zeitlichen Aufwand. Aus diesen Gründen bieten sich für entsprechende Aktivitäten insbesondere Projekttage oder Projektwochen an, wobei dann die – jeweils dafür kompetenten Lehrpersonen – die Projekte unter Nutzung der jeweils gegebenen Ausstattung der Schule durchführen können. Bezogen auf das oben angesprochene Projekt wäre es so auch denkbar, anstelle der genannten Gestaltungsarten andere zu realisieren, z. B. eine erzählte Geschichte mit passenden Geräuschen an geeigneten Stellen, ein dialogisch gestaltetes Hörspiel, ein Figurenschattenspiel mit Pappfiguren auf einem Arbeitsprojektor, einen digital erstellten Trickfilm oder eine Folge von Videoszenen. Entsprechende Gestaltungsarten lassen sich vor allem nutzen, um existierende *fiktionale* Texte, z. B. Märchen, oder selbst erdachte Geschichten medial umzusetzen. Sollen Ereignisse in *dokumentarischer* Form dargestellt und kommentiert werden, können weitere Gestaltungsarten zur Geltung kommen, z. B. Zeitung, Plakat, Video- oder Hörmagazin oder Webseite. Außerdem ist es möglich, einen Inhalt zu Lernzwecken als mediales Produkt herzustellen, z. B. als selbsterstelltes Erklärvideo. Details zu entsprechenden Projekten sind in der Literatur und im Internet häufig zu finden (z. B. bei: klicksafe.de 2018; Mitzlaff u. Speck-Hamdan 1998; Schill 2008; Schnoor et al. 1993; Tulodziecki et al. 1995). Angesichts der Vielzahl solcher Projektbeschreibungen kann hier auf weitere Skizzen verzichtet werden. Stattdessen geht es im Folgenden nur um den strukturellen Ablauf entsprechender Projekte. Dieser sollte durch nachstehende Schritte gekennzeichnet sein:

1. Herstellen von Erfahrungsbezügen zur Gestaltung eigener medialer Beiträge und Vorüberlegungen zum darzustellenden Inhalt sowie zu der oder den Gestaltungsart(en)
2. Vereinbarungen zum darzustellenden Inhalt und zu der oder den Gestaltungsart(en) sowie zu möglichen Zielgruppen, denen das

## 7.6 Nutzung von medialen Möglichkeiten für Gestaltung und Präsentation

Produkt nach Fertigstellung präsentiert werden soll oder die mit dem Produkt besonders angesprochen werden sollen
3. Verständigung über das Vorgehen zur Bereitstellung notwendiger Geräte, zur Aneignung von Bedienfertigkeiten und grundlegenden Kenntnissen zur jeweiligen Gestaltungsart sowie zur Detailplanung der Produktion
4. Ausführung der Schritte gemäß der Verständigung über das Vorgehen zur Vorbereitung der Produktion in Kleingruppen
5. Durchführung der Produktion gemäß der Detailplanung in Kleingruppen
6. Präsentation der Produkte in der Klasse und Besprechung, gegebenenfalls Überarbeitung der medialen Beiträge
7. Überlegungen zur Vorstellung des Produkts bei den Zielgruppen, die gegebenenfalls unter 2. ins Auge gefasst wurden, Einholen von Rückmeldungen und Auswertung
8. Reflexion der Erfahrungen und Zusammenstellung von Grundsätzen für weitere eigene mediale Gestaltungen und Präsentationen.

Bei jedem dieser Schritte ist – je nach gegebenen Bedingungen und Voraussetzungen der Kinder – zu entscheiden, wie stark sich die Lehrperson bei den einzelnen Phasen einbringt. Vorteilhaft kann es auch sein, wenn solche Projekte von zwei Lehrpersonen in kooperativer Form durchgeführt werden oder wenn Eltern oder Studierende unterstützend mitwirken.

> **Hinweise für die Weiterarbeit**
> Im Sinne der Anwendung von Überlegungen in diesem Kapitel ist zu empfehlen, dass Sie nun für eine der oben skizzierten Unterrichts- oder Projektideen einen ausführlichen Ablauf entwerfen (im Stil des Beispiels in Abschnitt 7.1). Achten Sie bitte darauf, dass immer klar wird, was Sie sich als Lehrhandlung von Ihrer Seite vorstellen (z. B. als Information, als Impuls oder als Frage) und was Sie von den Schülerinnen als Aktion oder Reaktion bzw. als Lernaktivität erwarten. Bedenken Sie dabei auch mögliche Hilfs-

> mittel. Zugleich ist es wünschenswert, dass Sie dabei die weiteren in Abschnitt 7.2 genannten Gesichtspunkte berücksichtigen. Falls Sie nicht von einer der obigen Unterrichts- oder Projektideen ausgehen möchten, können Sie auch eine andere Idee zur Umsetzung eines der nutzungsbezogenen Aufgabenfelder zugrunde legen.

Weitere Anregungen zur Gestaltung von nutzungsbezogenen Unterrichtseinheiten oder Projekten (gegebenenfalls auch für die Jahrgangsstufen 5 und 6) finden sich in der folgenden Publikation: Tulodziecki, G., Herzig, B. u. Grafe, S. (2021): Medienbildung in Schule und Unterricht. Grundlagen und Beispiele. 3. Aufl. Bad Heilbrunn: Klinkhardt/UTB, S. 217–266. Für Hinweise auf weitere Unterrichtsmaterialen sei zusätzlich empfohlen: klicksafe.de (2018): Durchs Jahr mit klicksafe – 12 Einheiten Medienpädagogik für die Grundschule. 2. Aufl. (https://www.klicksafe.de/fileadmin/media/documents/pdf/klicksafe_Materialien/Lehrer_Allgemein/klicksafe_Unterrichtseinheiten_Durchs_Jahr_mit_klicksafe_1.pdf).

# 8

## Inhaltsbezogene Aufgabenfelder der Medienerziehung und Medienbildung

In Kapitel 6 wurden für die Medienerziehung und Medienbildung in der Grundschule mit Bezug auf medienwissenschaftliche Inhalte vier *inhaltsbezogene Aufgabenfelder* benannt:

* Unterscheiden und Einschätzen von medialen Gestaltungsmöglichkeiten (im Rahmen verschiedener Erfahrungsformen)
* Erkennen und Aufarbeiten von Medieneinflüssen
* Erfahren und Bewerten von Merkmalen der Medienlandschaft
* Durchschauen und Beurteilen von Bedingungen der Medienproduktion und Medienverbreitung.

# 8 Inhaltsbezogene Aufgabenfelder der Medienerziehung und Medienbildung

In diesem Kapitel geht es um Möglichkeiten der Umsetzung dieser Aufgabenfelder in Unterrichtseinheiten oder Projekte. Dafür gelten erneut die Anfangshinweise aus Kapitel 7, insbesondere, dass die jeweiligen Unterrichts- oder Projektideen an die Bedingungen und Voraussetzungen vor Ort anzupassen sind.

## 8.1 Projektbeispiel: Ich sehe was, was du nicht siehst!

Im Folgenden wird ein Projektablauf zur Unterscheidung und Einschätzung von medialen Gestaltungsmöglichkeiten skizziert, der bereits zum Ende der ersten oder in der zweiten Jahrgangsstufe durchgeführt werden könnte (vgl. Schnoor, Thomzik u. Wreesmann 1993; Tulodziecki et al. 1998):

> (1) *Einführung einer Aufgabenstellung*: Eine Lehrerin spielt mit den Kindern das Spiel »Ich sehe was, was du nicht siehst!«. Daran schließt sich ein Gespräch zu der Frage an, wie man jemandem etwas mitteilen kann, was er selbst bisher nicht gesehen oder beachtet hat. Verschiedene Möglichkeiten werden genannt, z. B.: Beschreiben, Malen oder Fotografieren. Die Lehrperson greift die Möglichkeit des Fotografierens auf und schlägt vor, ein Rätselspiel ins Auge zu fassen. Dazu sollen die Kinder zunächst im Außen- oder Innenbereich der Schule Stellen suchen und fotografieren, die sie interessant, wichtig oder geheimnisvoll finden und die man, wenn man nicht genau hinschaut, möglicherweise übersieht. Die anderen sollen dann raten, wo sich die fotografierten Stellen genau befinden.
>
> (2) *Zielvereinbarung:* Die Lehrerin bespricht mit den Kindern, dass die Fotos und das Rätselspiel dazu dienen sollen, die Schule genauer

kennenzulernen. Außerdem hebt sie ins Bewusstsein, dass die Kinder so lernen, interessante Bilder für einen bestimmten Zweck herzustellen.

(3) *Verständigung über das Vorgehen:* Es werden Fragen zusammengestellt, die zu bedenken sind, wenn man bestimmte Stellen für ein Rätselspiel fotografieren möchte, z. B.: Welche Geräte kann ich nutzen (Fotokamera, Tablet oder Smartphone)? Was ist bei der Bedienung des jeweiligen Geräts zu beachten? Welche Gestaltungsmöglichkeiten hat man mit der Kamera (z. B. Einstellungsgröße, Einstellungsperspektive und Blickrichtung)? Was sollte man bezüglich des zu Fotografierenden bedenken (z. B. Vordergrund, Hintergrund, Lichteinfall und Beleuchtung)? Wie kann ich etwas so fotografieren, dass es angemessen abgebildet wird, aber nicht sofort erkennbar ist, wo es sich befindet?

(4) *Erarbeitung von Grundlagen für die Aufgabenlösung:* Die Lehrerin gibt – je nach Ausstattung der Schule oder anderen verfügbaren Möglichkeiten der Kinder – eine kurze Einführung zur Bedienung der Geräte und zu wichtigen Gestaltungsmöglichkeiten beim Fotografieren. Danach erhalten die Kinder Gelegenheit, in Partnerarbeit einzelne Übungen zum Fotografieren durchzuführen.

(5) *Aufgabenlösung:* Jetzt suchen die Kinder nach geeigneten Motiven im Schulgebäude oder auf dem Schulhof und fotografieren diese. Nachdem die Fotos ausgedruckt sind, werden Kleingruppen gebildet. In ihnen sollen die Kinder wechselseitig erraten bzw. Vermutungen äußern, wo das Abgebildete genau zu finden ist. Die Kinder, die die betreffenden Fotos gemacht haben, verraten aber nicht, ob die Vermutungen richtig sind. Nun gehen die Kinder in Kleingruppen mit den Fotos zu den vermuteten Orten und überprüfen, ob das Fotografierte dort wirklich zu finden ist. Dabei vergleichen sie die Fotos mit den realen Stellen. Falls die Vermutungen falsch waren, führen die »Fotografen« die Kinder zu den richtigen Stellen.

(6) *Vergleich von Lösungen und Zusammenfassung:* Jede Kleingruppe stellt in der Klasse zwei Fotos vor und teilt mit, ob die fotografierte Stelle erraten oder nicht erraten wurde. Die Kinder bedenken, warum es in manchen Fällen leicht oder schwer war, die fotografierten Stellen herauszufinden. Dabei sollen sie sich – wenn notwendig mithilfe der Lehrerin – ausdrücklich auf einzelne Gestaltungsmerkmale der Fotos beziehen. An der Tafel werden Unterschiede zwischen dem direkten Betrachten einer Stelle und einem Foto von dieser Stelle festgehalten.

(7) *Anwendung:* Die Lehrerin fragt die Kinder, bei welchen Gelegenheiten sie im täglichen Leben überall auf Fotos stoßen. Danach zeigt die Lehrerin ausgewählte Fotos aus Zeitungen, Zeitschriften oder aus dem Internet. Die Kinder sollen zunächst bei den Fotos überlegen, mit welchen Einstellungsgrößen, Kameraperspektiven sowie Blickrichtungen gearbeitet wurde und wie sich Vordergrund und Hintergrund darstellen. Des Weiteren erinnert die Lehrerin daran, dass die Kinder ihre Fotos vom Schulgelände mit einer bestimmten Absicht gemacht haben: einerseits etwas Reales abzubilden, andererseits es aber auch so zu fotografieren, dass man nicht auf den ersten Blick sieht, wo sich das Fotografierte befindet. Sie fragt nach anderen Absichten, die mit Fotos verbunden sein können. Wichtige Absichten werden aufgelistet, z. B. etwas festhalten, Aufmerksamkeit erregen, Werbung betreiben oder – bei Titelbildern – zum Kauf einer Zeitung oder einer Zeitschrift anregen. Danach lassen sich die vorher präsentierten Fotos unter der Frage besprechen, warum sie so gestaltet wurden bzw. welche Absichten vermutlich mit ihnen verbunden sind.

(8) *Weiterführung:* Die Lehrerin stellt noch einmal fest, dass die Kinder wichtige Gestaltungsmöglichkeiten für Fotos kennengelernt haben. Sie macht darauf aufmerksam, dass auch für andere Medien unterschiedliche Gestaltungsmöglichkeiten existieren. Dazu hört sie mit den Kindern ein Hörspiel an und regt an, einzelne Gestaltungsmerkmale und damit verbundene Absichten

herauszufinden. Je nach Lesefertigkeiten kann mit den Kindern auch ein schriftlicher Text hinsichtlich seiner Gestaltungsmerkmale in den Blick genommen werden.

Das skizzierte Beispiel weist – ähnlich wie das Eingangsbeispiel in Abschnitt 7.1 – bestimmte grundlegende Merkmale auf. Diese lassen sich sowohl für den Entwurf als auch für die Analyse anderer Unterrichtseinheiten oder Projekte zu inhaltsbezogenen Aufgabenfeldern heranziehen.

## 8.2 Merkmale von Unterrichtseinheiten oder Projekten zu inhaltsbezogenen Aufgabenfeldern

Für die Planung, Durchführung und Nachbereitung von Unterrichtseinheiten und Projekten zu *inhaltsbezogenen* Aufgabenfeldern ist eine Orientierung an folgenden Empfehlungen wünschenswert:
*Es sollte ein klarer inhaltlicher Akzent gesetzt werden.* So geht es im obigen Beispiel schwerpunktmäßig um Gestaltungsmöglichkeiten beim Fotografieren und damit verbundene Absichten (im Sinne des Unterscheidens und des Einschätzens medialer Gestaltungen). Dabei können sich Bezüge zu anderen Aufgabenfeldern ergeben. Im skizzierten Projekt sind z. B. Bezüge zur reflektierten Nutzung von medialen Möglichkeiten für die Gestaltung und Präsentation eigener Beiträge vorhanden. Mit solchen Bezügen werden immanente Anwendungen geschaffen, wie sie für das Lernen generell anzustreben sind.
*Es sollte eine lern- und entwicklungsförderliche Strukturierung gewählt werden.* Diese wird in dem Beispiel durch die gegebene Phasenfolge angezeigt: Einführung einer Aufgabenstellung – Zielvereinbarung – Verständigung über das Vorgehen – Erarbeitung von Grundlagen für

die Aufgabenlösung – Aufgabenlösung – Vergleich von Lösungen und Zusammenfassung – Anwendung – Weiterführung. In einzelnen Einheiten können die Phasen und ihre Folge situationsspezifisch variiert werden.

*Der jeweilige inhaltliche Akzent sollte exemplarisch erarbeitet und mit einem orientierenden Lernen verbunden werden.* Demgemäß wird im obigen Beispiel der inhaltliche Akzent »Gestaltungsmöglichkeiten und Absichten beim Fotografieren« bis zur Phase der Anwendung *exemplarisch* bearbeitet. In der Phase der Weiterführung kommt es dann zu einem *orientierenden* Lernen im Sinne der Ausweitung auf mediale Gestaltungsmöglichkeiten bei anderen Darstellungsformen. Welche Erweiterungen jeweils gewählt werden, sollte inhaltsspezifisch entschieden werden.

*Für die Bearbeitung eines inhaltlichen Akzents sollten lern- und entwicklungsförderliche Aufgaben als Anregung dienen.* Hier kommen erneut Erkundungsaufgaben, Problemstellungen, Entscheidungsfälle, Gestaltungs- und Beurteilungsaufgaben in Betracht. So beginnt das Beispiel mit einer Gestaltungsaufgabe (Erstellen von Fotos für ein Rätselspiel) und wird im Rahmen der Anwendung mit einer Problemstellung fortgeführt (Herausfinden von Absichten oder von Gründen für die gewählten Gestaltungsmerkmale).

*Bei der Bearbeitung der jeweiligen Aufgaben sollten Medien in sinnvoller Weise Verwendung finden.* Demgemäß werden Medien im obigen Beispiel als wichtige Werkzeuge (z. B. zur Erstellung von Fotos oder zur Speicherung von Zusammenfassungen), als bedeutsame Informationsträger (z. B. als Abbildung interessanter Stellen im Schulgebäude bzw. auf dem Schulgelände) oder als Gegenstand der Analyse und Beurteilung (z. B. hinsichtlich ihrer Gestaltungsmerkmale und damit verbundener Absichten) verwendet.

*Bei der Aufgabenbearbeitung sollte auf die Anregung der intellektuellen und/oder sozial-moralischen Entwicklung geachtet werden.* Dies geschieht in dem Beispiel – vor allem mit Blick auf die intellektuelle Entwicklung – dadurch, dass der Sachverhalt »Fotografieren« hinsichtlich seiner Gestaltungsmöglichkeiten ausdifferenziert wird, dass die Eignung von Fotos für einen bestimmten Zweck als Bewertungskriterium in den Blick rückt und dass eine Verknüpfung von Gestaltungsmerkmalen und Absichten erfolgt (▶ Kap. 5.2).

Im Folgenden werden – gegliedert nach den vier inhaltsbezogenen Aufgabenfeldern – weitere Unterrichts- und Projektideen skizziert. Für konkrete Ausgestaltungen der Ideen ist es wieder wichtig, dass diese jeweils in Abhängigkeit von den situativen Bedingungen und Lernvoraussetzungen der Schülerinnen und Schüler erfolgen.

## 8.3 Weitere Unterrichts- und Projektideen zum Unterscheiden und Einschätzen von medialen Gestaltungsmöglichkeiten

Mit dem oben geschilderten Fotoprojekt ist ein Beispiel für dieses Aufgabenfeld dargestellt worden. Im Rahmen dieses Projekts kann durch den Vergleich der Fotos mit dem jeweils Abgebildeten u. a. eine Sensibilisierung für die Unterscheidung von Wirklichkeit und medialer Darstellung erfolgen. Auch andere der bisherigen Überlegungen enthalten Hinweise zu Umsetzungsmöglichkeiten für dieses Aufgabenfeld. Beispielsweise könnte die in Abschnitt 6.1 skizzierte und in Abschnitt 7.6 noch einmal aufgenommene Projektidee, dass Kinder eine vorgegebene oder selbst erfundene Geschichte in unterschiedlicher medialer Form umsetzen, damit verbunden werden, dass sie vorher in ausdrücklicher Form wichtige Gestaltungsmöglichkeiten der gewählten Gestaltungsarten erarbeiten, z. B. von gemalten Bildern, von inszenierten Fotografien oder von – mit digitaler Unterstützung – erstellten Comics. Zugleich ließe sich ein solches Projekt gegen Ende der Grundschulzeit nutzen, um unterschiedliche Möglichkeiten der Erzeugung medialer Botschaften sowie ihre Vor- und Nachteile zu thematisieren (z. B. Malen: Auftragen von Farben auf Papier/Fotografieren: technisches »Einschreiben« von Gegebenheiten in einen Träger/digital unterstützte Comicgestaltung: Erzeugung von Bildern durch Eingaben und algorithmische Ausführungen durch einen Computer). So könnte eine erste Grundlage für die Einsicht gelegt werden, dass nicht nur Menschen bei der Erzeugung medialer Botschaften agieren, sondern auch Informatiksysteme (was für die Einschätzung von medialen Botschaften in sozialen Netzwerken von besonderer Bedeutung ist). Im Folgenden werden zwei weitere und aufeinander bezogene Projektideen für das Aufgabenfeld des Unterscheidens und Einschätzens von medialen Gestaltungsmöglichkeiten skizziert:

> (1) Ein Lehrer nimmt ein geplantes Schulfest und einen von seiner Klasse vorzubereitenden Beitrag in Form eines Theaterstücks zum Anlass, um mit den Kindern einen Flyer zu entwickeln, mit dem die Eltern und andere Kinder angeregt werden sollen, beim Schulfest ihre Theateraufführung zu besuchen. In Kleingruppen werden Entwürfe hergestellt, dann in der Klasse präsentiert und besprochen. Anschließend wird eine Kleingruppe mit der Umsetzung (als Hausaufgabe) beauftragt. Die Umsetzung wird vorgestellt, gegebenenfalls aufgrund von Verbesserungsvorschlägen überarbeitet und für das Schulfest gedruckt. Direkt nach dem Schulfest stellt der Lehrer die Aufgabe, entweder einen Bericht zum Ablauf des Schulfestes oder einen Kommentar unter der Frage zu schreiben, was den Kindern am Schulfest gefallen und weniger gefallen hat. Er bespricht mit den Kindern, was beim Schreiben eines Berichtes und eines Kommentars beachtet werden sollte. Nach der Ausführung vergleichen die Kinder in Kleingruppen ausgewählte Berichte und Kommentare und stellen ermittelte Unterschiede in der Klasse vor. In der Folge erinnert der Lehrer an den zuvor erstellten Flyer und seine Werbefunktion. Jetzt vergleichen die Kinder in Kleingruppen entweder den Flyer mit ausgewählten Berichten oder mit einzelnen Kommentaren und präsentieren ihre Überlegungen zu Unterschieden erneut in der Klasse. Im Anschluss werden besondere Merkmale der drei Gestaltungsformen – Werbung, Bericht und Kommentar –zusammenfassend an der Tafel festgehalten. Der Lehrer bespricht mit den Kindern, bei welchen Medien diese Ge-

## 8.3 Unterscheiden und Einschätzen von medialen Gestaltungsmöglichkeiten

staltungsformen auftauchen und warum ihre Unterscheidung wichtig ist. Im ergänzenden und erweiternden Sinne wird noch das Lernmodul »Werbung, Gewinnspiele und Einkaufen« aus dem »Internet-ABC« bearbeitet (https://www.internet-abc.de/kinder/lernmodule/).

(2) Im Anschluss an das Projekt unter (1) regt der Lehrer die Kinder an, sich mit Bezug auf das Schulfest eine kleine Geschichte auszudenken. Ausgangspunkt dafür soll der Gedanke sein, dass bei dem Schulfest – kurz vor Beginn der ersten Aufführung des Theaterstücks – plötzlich das Mädchen verschwunden ist, das die Hauptrolle übernommen hat. Die Kinder entwerfen dazu jeweils in Partnerarbeit eine Geschichte. Danach werden die Geschichten in der Klasse vorgestellt und besprochen. Anschließend ruft der Lehrer in Erinnerung, dass im vorherigen Projekt Berichte zum Schulfest geschrieben wurden, und arbeitet mit den Kindern Unterschiede zwischen einem Bericht und einer fiktionalen Geschichte heraus. Danach werden die Kinder angeregt, die Überlegungen auf mediale Darstellungen insgesamt zu übertragen. Dazu fragt der Lehrer, bei welchen Medien berichtende bzw. dokumentarische und fiktionale Darstellungen zu finden sind. In diesem Zusammenhang werden z. B. Bücher, Zeitungen und Zeitschriften, Fernsehen und Radio sowie das Internet angesprochen. Nun bedenkt der Lehrer mit den Kindern, warum es wichtig ist, zwischen dokumentarischen und fiktionalen Darstellungen zu unterscheiden, und woran man erkennen kann, ob es sich um die eine oder andere Art handelt. Abschließend werden Konsequenzen für die Nutzung von Medien zusammengestellt.

Mit Unterrichtseinheiten oder Projekten solcher Art können zugleich wichtige Grundlagen für eine Auseinandersetzung mit Medieneinflüssen geschaffen werden.

## 8.4 Unterrichts- und Projektideen zum Erkennen und Aufarbeiten von Medieneinflüssen

In Abschnitt 6.3 wurde ausgeführt, dass es eine wichtige Aufgabe von Medienerziehung und Medienbildung sei, Kinder für Medieneinflüsse zu sensibilisieren und Möglichkeiten aufzuzeigen, negativen Einflüssen entgegenzuwirken. Dies gilt insbesondere für möglicherweise auftretende hemmende Emotionen (z. B. Furcht und Angst), irreführende Vorstellungen (z. B. zur Polizei oder Politik), problematische Verhaltens- und Wertorientierungen (z. B. zur Lösung von Konflikten) oder Beeinträchtigungen sozialen Miteinanders (z. B. durch aggressive Kommunikation). Im Hinblick auf Verhaltens- und Wertorientierungen wurde in Abschnitt 6.1 mit Bezug auf den Religionsunterricht eine Idee skizziert, wie beispielsweise medienbeeinflusste Verhaltensorientierungen bei Konflikten erkannt und aufgearbeitet werden können. Des Weiteren enthält Abschnitt 7.5 eine Projektidee, wie man Beeinträchtigungen des sozialen Miteinanders, hier in Form des Cybermobbing, gegensteuern kann.

Im Folgenden sollen noch zwei Projektideen skizziert werden, die sich auf das Erkennen und Aufarbeiten hemmender Emotionen (Beispiel 1) und irreführender Vorstellungen über die Wirklichkeit (Beispiel 2) beziehen. Mit der ersten Projektidee ist der Gedanke verbunden, dass Kinder beim Malen und Ausdenken sowie Gestalten von Gruselgeschichten Ängste aufarbeiten können (vgl. Autorengruppe 1986). Die zweite Projektidee basiert auf der Annahme, dass es wichtig ist, Erkundungen zu medienvermittelten Vorstellungen durchzuführen, um einerseits auf die Medienbedingtheit vieler Vorstellungen aufmerksam zu machen und andererseits irreführenden Vorstellungen entgegenzuwirken (vgl. Lewers 1993).

(1) Eine Lehrerin spricht mit den Kindern darüber, ob sie manchmal Angst empfinden. Sie regt die Kinder an, Figuren zu malen, vor denen sie sich fürchten. Es ist damit zu rechnen, dass u. a. Hexen,

## 8.4 Erkennen und Aufarbeiten von Medieneinflüssen

Geister, Zauberer, Kobolde, große Spinnen oder ähnliches in den Bildern auftauchen. Die Lehrerin fragt, woher die Kinder die Figuren kennen. Dabei wird der Blick auf erzählte oder vorgelesene Märchen, Hörspiele und Filme gelenkt. Die Lehrerin schlägt vor, dass sich die Kinder in Kleingruppen selbst eine kleine Gruselgeschichte ausdenken und diese in einzelnen Bildern darstellen. Eine der Geschichten soll später als kleines Theaterstück gestaltet und mit einer Kamera als Video aufgenommen werden. Nachdem sich die Kinder Gruselgeschichten ausgedacht haben, werden diese in der Klasse erzählt, wobei eine Tonaufzeichnung erfolgt. Eine Geschichte wird für die Darstellung als kleines Theaterstück ausgewählt. Anhand der Tonaufzeichnung wird die Geschichte in einzelne Abschnitte aufgeteilt. In Kleingruppen werden Ideen für die einzelnen Abschnitte entwickelt, ehe eine Zusammenführung erfolgt. Alles, was zur Durchführung des kleinen Theaterstücks notwendig ist, wird vorbereitet. Dann wird das Stück probehalber in der Klasse gespielt und mit einer Videokamera aufgezeichnet. Nach dem Anschauen der Videoaufzeichnung erfolgt eine Überarbeitung sowie eine zweite Aufführung mit erneuter Videoaufzeichnung. Anschließend wird überlegt, bei welcher Gelegenheit das Theaterstück und/oder die Videoaufzeichnung vorgeführt werden könnten. Anschließend bedenkt die Lehrerin mit den Kindern, welche Möglichkeiten der Angstbewältigung in dem Stück vorkommen und was man – vor allem hinsichtlich der Mediennutzung – noch tun könnte, wenn einem etwas Angst macht.

(2) Ein Lehrer schreibt das Wort »Detektiv« an die Tafel und fragt die Kinder, was ihnen dazu einfällt und ob sie selbst einmal eine Detektivin oder ein Detektiv werden möchten. Vorstellungen zur Arbeit eines Detektivs werden zusammengetragen und aufgelistet. Danach regt der Lehrer die Kinder an, darüber nachzudenken, woher ihre Vorstellungen zur Tätigkeit eines Detektivs stammen. Es wird deutlich, dass diese vor allem auf Geschichten beruhen, die sie aus Kinderbüchern, Hörspielen oder Filmen kennen. Der Lehrer schlägt vor, einmal eine Detektei zu besuchen und dort einen

> Detektiv nach seinem Alltag und nach seiner Arbeit zu befragen. Für den Besuch werden Fragen zusammengestellt. Nach dem Besuch sollen sich die Kinder erneut äußern, was sie nun über den Alltag eines Detektivs wissen und ob sie weiterhin Detektivin oder Detektiv werden oder nicht werden möchten. Die Äußerungen werden zusammengestellt und mit den spontanen Äußerungen am Anfang verglichen. Der Lehrer bedenkt mit den Kindern Unterschiede und fragt danach, was man generell tun kann, um eigene Vorstellungen zu überprüfen. Außer Erkundungen in der Realität wird das Heranziehen mehrerer Quellen angesprochen, wobei es wichtig ist, zwischen dokumentarischen oder berichtenden und fiktionalen Quellen zu unterscheiden. Zur Anwendung wird bezogen auf einen weiteren Beruf, z. B. Polizist oder Rechtsanwalt, exemplarisch untersucht, wie dieser beispielsweise in einer Fernsehserie und in einem Sachbuchtext dargestellt wird. Abschließend lässt sich die Einsicht betonen, dass Medien die Vorstellungen über die Wirklichkeit mitbestimmen, und bedenken, in welchen anderen Bereichen die Medien Einflüsse haben.

Bei solchen und anderen Unterrichtseinheiten oder Projekten in diesem Aufgabenfeld ist besonders wichtig, dass die Kinder auf Einflüsse von Medien aufmerksam werden und erfahren, wie man damit umgehen kann.

## 8.5 Unterrichts- und Projektideen zum Erfahren und Bewerten von Merkmalen der Medienlandschaft

In Abschnitt 6.5 wurden als wichtige Intentionen in diesem Aufgabenfeld angeführt, dass Kinder Orientierungshilfen im Hinblick auf die vielfältigen medialen Möglichkeiten erhalten, geeignete Angebote

## 8.5 Erfahren und Bewerten von Merkmalen der Medienlandschaft

und Zugangsmöglichkeiten für kindgemäße Angebote erkunden sowie erste Einblicke in ökonomische und digitale bzw. informatische Grundlagen medialer Möglichkeiten bekommen. Da im Rahmen dieser Grundschulreihe – wie schon erwähnt – ein Band allein der informatischen Bildung gewidmet ist, liegt der Fokus hier (nur) auf zwei Projektskizzen: Bei der ersten geht es um besondere Angebote für Kinder und bei der zweiten um ökonomische Aspekte der Medienlandschaft.

(1) Eine Lehrerin führt ein Gespräch mit den Kindern zu der Frage, welche Medien sie in der Regel nutzen. Des Weiteren fragt sie, welche besonderen Angebote für Kinder ihnen bekannt sind. In der Folge fokussiert sie zunächst auf das Internet und sammelt Ideen oder Wünsche, welche medialen Möglichkeiten direkt über eine Startseite zu Webangeboten für Kinder zugänglich sein sollten, z. B. Spiele, Musik, Filme, Informationen und Kommunikations-Plattformen. Die Ideen werden festgehalten und die Lehrerin kündigt an, dass die Kinder im Folgenden Zugänge zu interessanten Webseiten kennenlernen können und erfahren, wie sich diese auf einem Computer oder Smartphone einrichten lassen. Danach präsentiert sie die Webseite »klicksafe für Kinder« (https://www.klicksafe.de/fuer-kinder). Die Kinder erhalten die Möglichkeit, die Webseite in Partnerarbeit zu erkunden. Danach sollen sie die entdeckten Möglichkeiten mit der ersten Ideensammlung vergleichen und feststellen, welche Zugänge von der Webseite abgedeckt oder nicht abgedeckt sind. Die Ergebnisse der Vergleiche werden in der Klasse vorgetragen, wobei auch Vorzüge und mögliche Schwächen der Webseite angesprochen werden. Jetzt macht die Lehrerin besonders auf das Feld »Startseite selbst gemacht!« – aufmerksam und lässt auch die Webseite »KL!CK-T!PPS.NET« erkunden. Anschließend bespricht sie mit den Kindern, wie man für die beiden erkundeten Webseiten ein Lesezeichen setzen oder sie als Startseite einrichten kann (siehe klicksafe.de 2018). Die Kinder führen in Partnerarbeit an einem Computer, Laptop oder Smartphone die entsprechenden Operationen durch. Falls durch die beiden Web-

seiten noch nicht alle gewünschten Themen abgedeckt sind, sammelt die Lehrerin Wünsche und reicht sie mit den Kindern über das Feld »Schlagt uns ein Thema vor!« auf der Webseite »KL!CK-T!PPS. NET« ein. Abschließend betont die Lehrerin, dass die Kinder nun wissen, wie man im Internet zu interessanten Angeboten für Kinder gelangt, und bespricht mit ihnen, wie man bei anderen Medienarten, z. B. bei Fernsehen, Radio, Podcasts und Büchern, geeignete Angebote für Kinder ausfindig machen kann.

(2) Ein Lehrer bezieht sich auf Erfahrungen der Kinder mit Werbung und fragt danach, bei welchen Gelegenheiten sie im Internet, im Radio und im Fernsehen Werbeanzeigen oder Werbespots begegnen. Erfahrungen dazu werden gesammelt, dabei kommen auch werbefreie Situationen oder Angebote zur Sprache. Der Lehrer schlägt vor, einmal der Frage nachzugehen, warum manche Angebote werbefrei und andere mit Werbung verbunden sind. Dazu erhalten die Kinder zunächst die Gelegenheit, in Kindersuchmaschinen unter den Stichworten »Werbung« und »Finanzierung von Medien« zu recherchieren. Anschließend sollen sie in Kleingruppen Gründe dafür zusammentragen, warum manche Fernsehsendungen und Internetangebote Werbung enthalten und andere ohne Werbung ablaufen. Die Gründe werden in der Klasse vorgestellt und besprochen. Im Sinne einer Anwendung führt die Lehrerin zwei weitere Fragen ein: (a) Warum sind auch die öffentlich-rechtlichen Rundfunkanstalten an hohen Einschaltquoten interessiert (nicht zuletzt bei Vorabendserien), obwohl sie ihr Geld weitgehend über Gebühren bekommen? (b) Warum unterscheiden sich die Titelseiten einer üblichen Abonnementszeitung in der Regel deutlich von einer Kauf- oder Boulevardzeitung? Antworten zu beiden Fragen werden arbeitsteilig erarbeitet und in der Klasse diskutiert. Abschließend bespricht die Lehrerin weitere Beispiele, die deutlich machen, dass die Anbieter von Medienprodukten im Regelfall mit ihren Angeboten viel Geld verdienen möchten. Dabei kommen auch Probleme der wirtschaftlichen Orientierung zur Sprache.

8.6 Durchschauen und Beurteilen von Bedingungen

Beide Beispiele verweisen zum einen auf wichtige Merkmale der Medienlandschaft (inhaltliche und gestalterische Vielfalt und ökonomische Orientierung), enthalten zum anderen aber auch Bezüge zu wichtigen Bedingungen von Medienproduktion und Medienverbreitung.

## 8.6 Unterrichts- und Projektideen zum Durchschauen und Beurteilen von Bedingungen der Medienproduktion und Medienverbreitung

Neben *ökonomischen* Bedingungen der Produktion und Verbreitung von Medien sollten in diesem Aufgabenfeld auch technische, rechtliche und institutionelle Bedingungen – mindestens im Ansatz – thematisiert werden. Im Hinblick auf *institutionelle* Bedingungen ließe sich z. B. in Anknüpfung an die erste Unterrichtsidee im vorherigen Abschnitt, bei der Kinder eigene Themen für die Webseite »KL!CK-T! PPS.NET« vorschlagen können, eine Liste von Wünschen für den Kinderkanal der ARD zusammenstellen. Daran würde sich »zwangsläufig« die Frage anschließen, wer eigentlich genau über das Kinderprogramm entscheidet und an wen man am besten die Wunschliste richten sollte. Diese Frage könnte dann mit Blick auf *institutionelle* Bedingungen der ARD und des Kinderkanals bearbeitet werden.

Im Folgenden geht es noch um zwei weitere Unterrichtsideen – eine zur Behandlung technischer Bedingungen und eine zur Auseinandersetzung mit rechtlichen Bedingungen:

> (1) Eine Lehrerin präsentiert verschiedene Webseiten in fremden Sprachen aus mehreren Ländern. Sie macht bewusst, dass man vom eigenen Computer aus Zugang zu Webseiten hat, die auf Servern in

fernen Ländern liegen, und fragt, wie es kommt, dass solche Webseiten vom eigenen Computer aus aufgerufen werden können. Die Kinder äußern dazu ihre Vermutungen. Dabei treten unterschiedliche Meinungen auf. Dies nimmt die Lehrperson zum Anlass, um die Aufgabe zu formulieren, genauer zu erklären, wie der Zugang zu Webseiten aus fernen Ländern möglich ist. Dazu schlägt sie vor, dass die Kinder zunächst die ersten vier Abschnitte des Lernmoduls »So funktioniert das Internet – die Technik« aus dem »Internet-ABC« bearbeiten (https://www.internet-abc.de/kinder/lernmodule/). Danach sollen sie in Partnerarbeit eine schriftliche Erklärung zur Eingangsfrage erarbeiten. Die Kinder gehen entsprechend vor und formulieren ihre Erklärung, indem sie drei Satzanfänge weiterführen: (a) Ich kann auf dem Monitor meines Computers oder auf meinem Tablet oder Smartphone Webseiten von weltweit verteilten Servern lesen, weil ... (b) Damit das funktioniert, sind folgende technische Dinge nötig: ... (c) Die Verbindung zu anderen Webseiten geschieht in folgenden Schritten: ... Die erarbeiteten Satzergänzungen werden in der Klasse vorgestellt und besprochen. Im Anschluss macht die Lehrerin darauf aufmerksam, dass die weltweite Vernetzung von Computern Vorteile, aber auch Nachteile mit sich bringt. Erste Gedanken dazu werden gesammelt. Danach bearbeiten die Kinder die Abschnitte 5 und 6 des oben genannten Lernmoduls und besprechen sie in der Klasse. In einer Weiterführung hebt die Lehrerin hervor, dass die Kinder nun technische Bedingungen für das Funktionieren des Internet kennen und dass auch andere Medien bestimmte technische Voraussetzungen benötigen. Dies wird mit Bezug auf Zeitungen und Fernsehen oder auch weitere Medien besprochen.

(2) Ein Lehrer führt den Fall ein, dass ein Kind, hier Noah genannt, von den Eltern eine Spielkonsole unter der Bedingung geschenkt bekommen hat, dass darauf keine Spiele gespielt werden, die erst für ältere Kinder bzw. Jugendliche zugelassen sind. Kurz darauf kommt der befreundete Max zu Besuch, der über einen älteren Bruder ein Spiel erhalten hat, das erst für Jugendliche freigegeben

## 8.6 Durchschauen und Beurteilen von Bedingungen

ist. Max geht wie selbstverständlich davon aus, dass Noah mit ihm dieses Spiel ausprobiert – zumal einige Kinder in der Klasse schon über das Spiel gesprochen haben und es sehr spannend fanden. Noah zögert jedoch.

Nach Einführung dieses Falls äußern sich die Kinder zu der Frage, wie Noah sich verhalten sollte und was dafür und dagegen spricht, dass Noah das Spiel mit Max spielt. Vor dem Hintergrund, dass dabei unterschiedliche Argumente genannt werden, vereinbart die Lehrerin mit den Kindern, eine begründete Handlungsempfehlung für Noah zu erarbeiten. In diesem Zusammenhang sollen auch Bestimmungen des Jugendschutzes Beachtung finden. Der Lehrer stellt solche Bestimmungen kurz vor, ehe die Kinder in Kleingruppen eine Handlungsempfehlung erarbeiten. Die Entscheidung für eine Handlungsempfehlung soll in der Kleingruppe möglichst einstimmig erfolgen (weil so die Wahrscheinlichkeit wächst, entwicklungsstimulierende Argumente zu bedenken). Vor der Entscheidung sollen die Kinder – unter Verwendung eines Arbeitsblattes – noch folgende »Regeln« für Entscheidungen in Konfliktfällen diskutieren und sich für eine Regel entscheiden:

In Konfliktfällen sollte man sich so verhalten, dass man: (a) den Erwartungen der Eltern und Freunde entspricht oder – wenn das nicht gleichzeitig geht – möglichst wenige enttäuscht, (b) vor allem selbst keine Schwierigkeiten bekommt, (c) zwar seine Interessen durchsetzt, aber zugleich auch die Interessen der anderen beachtet. (Die »Regeln« spiegeln Stufen der sozial-moralischen Entwicklung gemäß Abschnitt 5.3 in zufälliger Reihenfolge wider, sodass die Auseinandersetzung damit Entwicklungsstimuli für jedes Kind bietet.)

Nach der Diskussion und Entscheidung für eine Handlungsempfehlung werden die bevorzugten Regeln und die Handlungsempfehlungen mit Begründungen in der Klasse vorgestellt und besprochen. Dabei gibt der Lehrer je nach Situation einzelne Denkanstöße, indem er u. a. Fragen folgender Art stellt (vgl. Herzig 1998, S. 186–188): Klärungsfragen (z. B.: Was meinst du, wenn du sagst, es sei unfair, wenn Max verlangt, dass Noah das Spiel mit ihm spielt?), Problemfragen (z. B.: Welche Verpflichtungen hat Noah seinen Eltern gegenüber?), Konfliktfragen (z. B.: Ist es in dieser Situation wichtiger, dem Wunsch von Max oder der Absprache mit den Eltern zu folgen?), Fragen nach der Rolle der Beteiligten (z. B.: Wie fühlt sich Noah, wenn der Freund ihn bedrängt, das Spiel zu spielen?) oder Fragen nach universellen Konsequenzen (z. B.: Was wäre, wenn sich keiner an Absprachen hält?).

Im Anschluss an die Besprechung werden Rollenspiele durchgeführt, wobei einzelne Kinder in der Rolle von Max versuchen, Noah zu überreden, das Spiel mit ihm zu spielen, während sich Noah dem widersetzt. Die Rollenspiele werden besprochen, ehe die Lehrperson rückblickend noch einmal betont, welche Bedeutung Altersbeschränkungen und Jugendschutzbestimmungen als gesetzliche Regelungen haben. Danach wird – gegebenenfalls auch mit Blick auf weitere Unterrichtseinheiten – bedacht, dass es außer dem Jugendschutz noch andere rechtliche Bedingungen gibt, die bei der Mediennutzung zu berücksichtigen sind, z. B. Urheberrecht und Datenschutz.

Das zuletzt skizzierte Beispiel verweist darauf, dass Konfliktfälle in besonderer Weise geeignet sind, nicht nur den Erwerb bestimmter Kenntnisse anzuregen, sondern auch die sozial-kognitive Entwicklung zu fördern (▸ Kap. 5.4).

**Hinweise zur Weiterarbeit**
Wählen Sie bitte eine der in diesem Kapitel skizzierten Unterrichts- oder Projektideen aus. Analysieren Sie diese daraufhin, inwieweit sich die in Abschnitt 8.2 genannten wünschenswerten Punkte bzw. die dort genannten Empfehlungen in der Skizze widerspiegeln. Auf der Grundlage Ihrer Analyse können Sie auch Verbesserungen, Detaillierungen oder weitere Konkretisierungen der skizzierten Ideen vornehmen.

Sie können zudem eine Unterrichtsskizze analog zum zuletzt skizzierten Beispiel anfertigen, indem sie sich auf den Fall »Linas

## 8.6 Durchschauen und Beurteilen von Bedingungen

und Ellas Tanzvideo« im Abschnitt 4.1 beziehen. Gestalten Sie den Fall dabei als Konfliktfall aus: Lina und Ella sind unterschiedlicher Meinung bezüglich der Frage, ob sie das Video mit der unterlegten Musik und mit ihren Bildern einfach ins Netz stellen dürfen [dabei ließen sich dann sowohl Urheberrechtsfragen (bezüglich der verwendeten Musik) als auch Datenschutzfragen (bezüglich der Veröffentlichung von Kinderbildern) in die Diskussion einbringen].

Alternativ können Sie auch eine ganz andere Unterrichts- oder Projektidee, die in eines der angesprochenen inhaltsbezogenen Aufgabenfelder passt, skizzieren.

Für weitere Hinweise zur Umsetzung der inhaltsbezogenen Aufgabenfelder (auch für die Klassenstufen 5 und 6, falls Sie an einer sechsjährigen Grundschule unterrichten oder unterrichten möchten) können Sie noch einmal die folgende Publikation nutzen: Tulodziecki, G., Herzig, B. u. Grafe, S. (2021): Medienbildung in Schule und Unterricht. Grundlagen und Beispiele. 3. Aufl. Bad Heilbrunn: Klinkhardt/UTB, S. 267–313.

# 9

# Entwicklung schulspezifischer Konzepte für die Medienerziehung und Medienbildung

Generell gelten Medienerziehung und Medienbildung zwar als bedeutende Aufgaben der Grundschule (vgl. z. B. Irion 2016), ihre Umsetzung wird allerdings dadurch erschwert, dass die Konferenz der Kultusminister der Länder der Bundesrepublik Deutschland (KMK) dafür kein eigenes Fach eingerichtet hat. Medienerziehung und Medienbildung sollen vielmehr als »integrativer Teil« der gegebenen Fächer und Lernbereiche realisiert werden (vgl. KMK 2012, S. 6; KMK 2016, S. 12). Wenn es in den einzelnen Bundesländern auch verschiedene kompetenzbezogene und curriculare Ausformungen gibt (vgl. u. a. Medienkompetenzrahmen NRW o. J.), bleibt die Ausgestaltung der Medienerziehung und Medienbildung doch in mancherlei Beziehung offen. Hinzu kommt, dass jede Grundschule unterschiedliche Bedingungen und Voraussetzungen für ihre Umsetzung mitbringt, z. B. hinsichtlich der Kompetenzen ihrer Lehrpersonen, der Voraussetzungen ihrer Schülerinnen und Schüler sowie ihrer Ausstattung. Vor einem solchen Hintergrund ist zu empfehlen, dass jede Schule unter Berücksichtigung ihrer Bedingungen ein spezifisches Konzept für die medienpädagogische Arbeit entwickelt und pflegt. Die folgenden Überlegungen sollen Anregungen für entsprechende Prozesse liefern.

## 9.1 Zusammenfassende Übersicht für ein schulspezifisches Konzept

Ein schulspezifisches Konzept für die Medienerziehung und Medienbildung sollte zunächst grundsätzliche Überlegungen enthalten, wie sie in allgemeiner Form in Abschnitt 6.3 dargestellt wurden. Überlegungen solcher Art – zu Zielvorstellungen, Themen und Inhalten, Formen und Bereichen der Mediennutzung sowie Vorgehensweisen – lassen sich mit Blick auf die jeweilige Situation der Schule für das schulspezifische Konzept ausformulieren und gegebenenfalls durch Ausstattungsüberlegungen ergänzen. Dabei sollte auch Bezug auf Bestimmungen des jeweiligen Bundeslandes sowie auf das Schulprogramm der einzelnen Schule genommen werden (vgl. z. B. Hessisches Kultusministerium o. J.). Die Ausführungen zu dem konzeptionellen Rahmen für medienbezogene Erziehungs- und Bildungsaufgaben können und sollen wegen ihrer allgemeineren und grundsätzlicheren Perspektive sowie wegen der Verschiedenheit der Landesbestimmungen und Schulprogramme zwar nicht als deckungsgleich mit diesen verstanden werden; der konzeptionelle Rahmen ist jedoch so formuliert, dass eine wechselseitige Anschlussfähigkeit mit Richtlinien der einzelnen Bundesländer gegeben ist. Dabei erscheint es

# 9 Entwicklung schulspezifischer Konzepte für die Medienerziehung

wichtig, die jeweiligen Landesbestimmungen und Schulprogramme auch unter der in diesem Buch vertretenen grundsätzlichen Medienerziehungs- und Medienbildungsperspektive zu reflektieren. In diesem Rahmen kommt den – auf der Grundlage der KMK-Strategie zur »Bildung in der digitalen Welt« (2016) entwickelten – Kompetenzmodellen der einzelnen Bundesländer eine besondere Bedeutung zu. Dabei geht es auch um die Frage, wie grundlegende informatische Anteile in Formulierungen zur Medienkompetenz einzubeziehen sind (vgl. zu der entsprechenden Diskussion: Knaus 2016; Tulodziecki 2020b). Als Konsequenz aus der betreffenden Diskussion werden im Folgenden Kompetenzerwartungen zum Ende der Grundschulzeit auf einem relativ allgemeinen Niveau formuliert, sodass gegebenenfalls notwendige Detaillierungen und informatische Anteile integriert werden können.

Vor diesem Hintergrund kann eine zusammenfassende Darstellung für ein schulspezifisches Konzept zur Medienerziehung und Medienbildung – orientiert an nutzungs- und inhaltsbezogenen Aufgabenfeldern – in der Grundschule so aussehen, wie es die Tabellen 9.1 und 9.2 zeigen. Dabei handelt es sich allerdings um *idealtypische* Darstellungen, die mit Bezug auf die jeweils vor Ort gegebenen Bedingungen auch anders gestaltet werden können. In jeden Fall entsteht mit Blick auf solche Zusammenfassungen die Frage, wie man günstige Bedingungen für die Umsetzung der Medienerziehung und Medienbildung innerhalb einer Schule schaffen kann.

## 9.1 Zusammenfassende Übersicht für ein schulspezifisches Konzept

**Tab. 9.1:** Zusammenfassende Übersicht zu *nutzungsbezogenen Aufgabenfeldern* für ein schulspezifisches Konzept (mit Verweis auf die Kapitel, in denen entsprechende Unterrichts- oder Projektideen zu finden sind)

| Aufgabenfelder | Akzente in den Jahrgängen 1/2 und 3/4 | Unterrichtseinheiten oder Projekte | Kompetenzerwartungen zum Ende der vierten Jahrgangsstufe |
|---|---|---|---|
| **Reflektierte Nutzung medialer Möglichkeiten für** | | | |
| ***Information und Lernen*** | 1/2: Lernen | Unterschiedliche Lernformen für Addition und Subtraktion (▶ Kap. 7.3) | Mediale und nicht-mediale Möglichkeiten für Information und Lernen, Unterhaltung und Spiel sowie für Austausch und Kooperation |
| | 3/4: Information/Glaubwürdigkeit von Informationen | Tierbroschüre: Bedrohte Tierarten (▶ Kap. 7.1) Auswahl einer Ferienwohnung (▶ Kap. 7.3) | • unter Einbeziehung spezifischer Angebote für Kinder beschreiben |
| ***Unterhaltung und Spiel*** | 1/2: Spielen | Spielenachmittag (▶ Kap. 7.4) | • bezüglich ihrer Vorzüge und möglicher Probleme bedenken |
| | 3/4: Unterhaltung/Konflikte mit Freunden oder Eltern | Vergleich von Hörspiel, Kinderbuch und Film (▶ Kap. 7.4) Zeitbegrenzung und Smartphone-Nutzung (▶ Kap. 2.5) Verbotene Spiele (▶ Kap. 8.6) | • unter Beachtung situativer Bedingungen begründet auswählen sowie • sachgemäß handhaben und nutzen. |

**Tab. 9.1:** Zusammenfassende Übersicht zu *nutzungsbezogenen Aufgabenfeldern* für ein schulspezifisches Konzept (mit Verweis auf die Kapitel, in denen entsprechende Unterrichts- oder Projektideen zu finden sind) – Fortsetzung

| Aufgabenfelder | Akzente in den Jahrgängen 1/2 und 3/4 | Unterrichtseinheiten oder Projekte | Kompetenzerwartungen zum Ende der vierten Jahrgangsstufe |
|---|---|---|---|
| **Reflektierte Nutzung medialer Möglichkeiten für** | | | |
| *Austausch und Kooperation* | 3/4:<br>Austausch/mögliche Probleme bei der Kommunikation im Internet<br>Kooperation | Auswahl von Kommunikationsmöglichkeiten (▶ Kap. 7.5)<br>Cybermobbing (▶ Kap. 7.5)<br>Mitarbeit an einem Kinderlexikon (▶ Kap. 7.5) | |
| *Gestaltung und Präsentation eigener Beiträge* | 1/2:<br>Foto<br>Tonaufzeichnung<br>Videoaufzeichnung<br><br>3/4:<br>Broschüre<br>Webseite<br>Urheberrecht und Datenschutz | Ich sehe was, was du nicht siehst! (▶ Kap. 8.1)<br>Gruselgeschichten (▶ Kap. 8.4)<br><br>Tierbroschüre: Bedrohte Tierarten (▶ Kap. 7.1)<br>Mitarbeit an einem Kinderlexikon (▶ Kap. 7.5)<br>Tanzvideo (▶ Kap. 4.1/8.6) | • Technische Hilfsmittel für die *Gestaltung* und *Präsentation* eigener Medienbeiträge beschreiben und funktionsgerecht handhaben.<br>• Einen Plan für die Gestaltung und *Präsentation* eigener Medienbeiträge unter Anleitung situationsbezogen entwickeln und ausführen. |

## 9.1 Zusammenfassende Übersicht für ein schulspezifisches Konzept

**Tab. 9.2:** Zusammenfassende Übersicht zu *inhaltsbezogenen Aufgabenfeldern* für ein schulspezifisches Konzept (mit Verweis auf die Kapitel, in denen entsprechende Unterrichts- oder Projektideen zu finden sind)

| Inhaltsbezogene Aufgabenfelder | Akzente in den Jahrgängen 1/2 und 3/4 | Unterrichtseinheiten oder Projekte | Kompetenzerwartungen zum Ende der vierten Jahrgangsstufe |
|---|---|---|---|
| **Unterscheiden und Einschätzen von medialen Gestaltungsmöglichkeiten** | 1/2: Darstellungsformen und Gestaltungstechniken Gestaltungsabsichten<br><br>3/4: Gestaltungsformen Formen der Erzeugung medialer Botschaften | Ich sehe was, was du nicht siehst! (▶ Kap. 8.1)<br><br>Medienbeiträge zu einem Schulfest (▶ Kap. 8.3) Unterschiedliche Darstellungen einer Geschichte (▶ Kap. 6.1/8.3) | • Ausgewählte Darstellungsformen (z. B. schriftlicher Text, Bild und Film), Gestaltungstechniken (z. B. Einstellungsgröße und Einstellungsperspektive bei Fotos) und Gestaltungsformen (z. B. Bericht, Kommentar und Werbung) unter Beachtung von Unterschieden beschreiben<br>• Bei vorhandenen Medienangeboten und eigenen Medienbeiträgen Darstellungsformen, Gestaltungstechniken, Gestaltungsformen und Gestaltungsabsichten bedenken |

9 Entwicklung schulspezifischer Konzepte für die Medienerziehung

**Tab. 9.2:** Zusammenfassende Übersicht zu *inhaltsbezogenen Aufgabenfeldern* für ein schulspezifisches Konzept (mit Verweis auf die Kapitel, in denen entsprechende Unterrichts- oder Projektideen zu finden sind) – Fortsetzung

| Inhaltsbezogene Aufgabenfelder | Akzente in den Jahrgängen 1/2 und 3/4 | Unterrichtseinheiten oder Projekte | Kompetenzerwartungen zum Ende der vierten Jahrgangsstufe |
|---|---|---|---|
| **Erkennen und Aufarbeiten von *Medieneinflüssen*** | 1/2: Gefühle | Gruselgeschichten (▶ Kap. 8.4) | ◆ Mit Bezug auf Beispiele Medieneinflüsse auf Gefühle, Realitätsvorstellungen, Verhaltensorientierungen und soziale Zusammenhänge beschreiben |
| | 3/4: Realitätsvorstellungen Verhaltensorientierungen soziale Zusammenhänge | Alltag von Detektiven (▶ Kap. 8.4) Konfliktverhalten (▶ Kap. 6.1) Cybermobbing (▶ Kap. 7.5) | ◆ Anhand von Beispielen skizzieren, wie man problematischen Medieneinflüssen entgegenwirken kann |
| **Erfahren und Bewerten von *Merkmalen der Medienlandschaft*** | 3/4: inhaltliche und gestalterische Vielfalt ökonomische Orientierung | Webseiten für Kinder (▶ Kap. 8.5) Werbung und Medienfinanzierung (▶ Kap. 8.5) | ◆ Die Vielfalt medialer Möglichkeiten – unter Bezugnahme auf das Angebot für Kinder – skizzieren Beispiele für die Orientierung an wirtschaftlichem Gewinn beschreiben |
| | | | ◆ Mögliche Vorzüge und Schwächen des Medienangebots erläutern |

## 9.1 Zusammenfassende Übersicht für ein schulspezifisches Konzept

**Tab. 9.2:** Zusammenfassende Übersicht zu *inhaltsbezogenen Aufgabenfeldern* für ein schulspezifisches Konzept (mit Verweis auf die Kapitel, in denen entsprechende Unterrichts- oder Projektideen zu finden sind) – Fortsetzung

| Inhaltsbezogene Aufgabenfelder | Akzente in den Jahrgängen 1/2 und 3/4 | Unterrichtseinheiten oder Projekte | Kompetenzerwartungen zum Ende der vierten Jahrgangsstufe |
|---|---|---|---|
| **Durchschauen und Beurteilen von *Bedingungen der Medienproduktion und Medienverbreitung*** | 3/4: technische rechtliche ökonomische institutionelle Bedingungen | Technische Aspekte des Internets (▶ Kap. 8.6) Verbotene Spiele (▶ Kap. 8.6) Tanzvideo (▶ Kap. 4.1/8.6) Werbung und Medienfinanzierung (▶ Kap. 8.5) Erweiterung zu »Webseiten für Kinder« (▶ Kap. 8.5/8.6) | • Technische, rechtliche, wirtschaftliche und institutionelle Bedingungen im Hinblick auf einzelne Medien an Beispielen benennen<br>• Bedeutung von Urheberrecht, Datenschutz und Jugendschutz für die Nutzung medialer Möglichkeiten einschätzen und beachten |

## 9.2 Entwicklung und Pflege schulspezifischer Konzepte

Die zusammenfassenden Tabellen 9.1 und 9.2 zeigen in Form einer Übersicht, worauf die Entwicklung eines schulspezifischen Konzepts zur Medienerziehung und Medienbildung hinauslaufen könnte. Für die Entwicklung und Pflege selbst sind Maßnahmen nachstehender Art zu empfehlen, wobei jede Schule die für sie – je nach Entwicklungsstand – erforderlichen Maßnahmen realisieren sollte:

*Bildung einer Arbeitsgruppe:* Eine solche Arbeitsgruppe sollte von der Schulleitung und dem Kollegium getragen werden. Wichtig ist, dass in der Arbeitsgruppe engagierte Lehrkräfte mit verschiedenen Fach- bzw. Lernbereichsperspektiven vertreten sind, um die Medienerziehung und Medienbildung in der Breite der Lernbereiche und Fächer zu verankern. Aufgaben der Gruppe liegen vor allem in der Entwicklung bzw. Weiterentwicklung eines schulspezifischen Konzepts. Dabei sind die Formulierung und die Fortschreibung des Konzepts im Rahmen der Schulprogrammentwicklung sowie die Erfassung, Planung, Dokumentation und Evaluation von medienpädagogischen Aktivitäten in der Schule von besonderer Bedeutung. Begleitend ist es gegebenenfalls notwendig, Ausstattungsempfehlungen zu erarbeiten und Weiterbildungen zusammen mit der Schulleitung zu organisieren sowie den Kreis der Kolleginnen und Kollegen, die medienpädagogische Aktivitäten durchführen, nach und nach zu erweitern.

*Erfassung medienpädagogischer Aktivitäten:* Auch wenn es vielleicht gar nicht bewusst ist, gibt es in jeder Grundschule in der Regel eine Fülle medienpädagogisch relevanter Aktivitäten – von der Schreib- und Leseerziehung bis zur Nutzung digitaler Medien. Häufig geht es zunächst darum, solche Aktivitäten erst einmal bewusst zu machen. Aufbauend darauf lassen sich vorhandene Aktivitäten unter Umständen weitergehend medienpädagogisch akzentuieren – etwa indem die Leseförderung mit Vergleichen von Buch und Hörspiel verbunden oder die Verwendung digitaler Übungsprogramme mit anderen

## 9.2 Entwicklung und Pflege schulspezifischer Konzepte

Lernformen hinsichtlich ihrer Vorzüge und Probleme eingeschätzt wird. Dabei können medienpädagogische Aktivitäten in verschiedenen Formen stattfinden: in Unterrichtseinheiten oder Projekten und bei der Freiarbeit im laufenden Schulbetrieb, bei Klassenfahrten oder Exkursionen, bei Projekttagen oder in Projektwochen sowie in Arbeitsgemeinschaften oder Wahlbereichen. Für die Erfassung sollten einfache Erfassungsbögen benutzt werden. Ein mögliches Beispiel dafür zeigt Tabelle 9.3.

**Tab. 9.3:** Kurzbeschreibung für durchgeführte, laufende oder geplante Aktivitäten zur Medienerziehung und Medienbildung

| | |
|---|---|
| **Thema/Aufgabenstellung** | Beachtung rechtlicher Bestimmungen bei der Verbreitung eines selbsterstellten Tanzvideos |
| **Jahrgangsstufe** | 4 |
| **Fach/Lernbereich** | Sachunterricht/Kunstunterricht |
| **Medienbezüge** | Video |
| **Arbeitsform** | Unterricht |
| **Status** | geplant/laufend/durchgeführt |
| **Zeitbedarf (geschätzt)** | Doppelstunde |
| **Erläuterung** | Die Lehrperson konfrontiert die Kinder mit der Situation, dass zwei Kinder, Lina und Ella, ein Tanzvideo mit sich selbst zu einem aktuellen Song aufgenommen haben und nun unterschiedlicher Meinung sind, ob sie das Tanzvideo von sich aus in ihrer WhatsApp-Gruppe und/oder auf einer öffentlichen Videoplattform verbreiten dürfen. Zu dem Fall werden in Kleingruppen anhand von Arbeitsblättern Bestimmungen des Urheberrechts und des Datenschutzes (Verbreitung von Kinderfotos) ausgewertet, ehe die Kinder in ihrer jeweiligen Gruppe einen Vorschlag zum Vorgehen von Lina und Ella erarbeiten. Die Vorschläge werden in der Klasse vorgestellt und diskutiert. Anschließend werden weitere Situationen bei der Mediennutzung besprochen, in denen Urheber- und Datenschutzfragen eine Rolle spielen. |

# 9 Entwicklung schulspezifischer Konzepte für die Medienerziehung

**Tab. 9.3:** Kurzbeschreibung für durchgeführte, laufende oder geplante Aktivitäten zur Medienerziehung und Medienbildung – Fortsetzung

| | |
|---|---|
| Schwierigkeiten/ Möglichkeiten der Verbesserung | Einigen Kindern bereitete das Verständnis der rechtlichen Bestimmungen Schwierigkeiten. Deshalb sollten die Arbeitsblätter überarbeitet werden bzw. mit zusätzlichen Erläuterungen versehen werden. |
| Aufgabenfeld (schwerpunktmäßig) | Durchschauen und Beurteilen von Bedingungen der Medienproduktion und Medienverbreitung |
| Bezüge zu anderen Aufgabenfeldern | Reflektierte Nutzung von medialen Möglichkeiten für die Gestaltung und Präsentation eigener Beiträge |
| Akzentsetzung | Urheberrecht und Datenschutz |
| Zuständige Lehrperson | Frau/Herr X |

*Planung medienpädagogischer Aktivitäten*: Auf der Grundlage erfasster medienpädagogischer Aktivitäten können Planungen für das jeweils kommende Schuljahr erfolgen. Dabei geht es u.a. um die Fragen, welche der durchgeführten Aktivitäten im kommenden Schuljahr erneut realisiert werden sollen und welche neuen Aktivitäten notwendig erscheinen, um wichtige Aufgabenfelder abzudecken. Bezüglich wiederholter Durchführungen sollten zugleich naheliegende Verbesserungen eingeplant bzw. vorgenommen werden. Die Gesamtplanung kann in Tabellenform wie in den Tabellen 9.1 und 9.2 festgehalten werden. Falls sich für das bevorstehende Jahr Ausstattungsergänzungen oder Weiterbildungen als notwendig abzeichnen, sollten diese mithilfe der Schulleitung organisiert werden. Dabei kann sich auch ein Zusammenwirken mit kommunalen Einrichtungen oder anderen Schulen als wirksam und sinnvoll erweisen.

*Dokumentation und Evaluation medienpädagogischer Aktivitäten*: Die stattfindenden medienpädagogischen Aktivitäten sollten nach ihrer Durchführung (einschließlich bewährter Materialien) dokumentiert werden. Dazu kann erneut ein Formular gemäß Tabelle 9.3 verwendet

## 9.2 Entwicklung und Pflege schulspezifischer Konzepte

werden. Die jeweiligen Erfahrungen sollten am Ende eines Schulhalbjahres in einer Konferenz aller Beteiligten bedacht und hinsichtlich möglicher Probleme und Erfolge bewertet werden. Falls notwendig, lassen sich bereits für das folgende Halbjahr Konsequenzen besprechen und umsetzen. Auf jeden Fall sollten gegebenenfalls notwendige Änderungen, Ergänzungen oder Erweiterungen für das dann folgende Schuljahr zum Tragen kommen.

Mithilfe solcher Maßnahmen kann jede Schule einen wichtigen Beitrag zur Kompetenzentwicklung bzw. Medienbildung ihrer Schülerinnen und Schüler sowie zur Medienkultur leisten.

> **Hinweise für die Weiterarbeit**
> Nehmen Sie bitte noch einmal die zusammenfassenden Tabellen 9.1 und 9.2 in den Blick. Bedenken Sie, welche Schwierigkeiten bei der Entwicklung und Umsetzung eines solchen Konzepts im Schulalltag entstehen können. Überlegen Sie zugleich, was man bei einzelnen Schwierigkeiten tun könnte.
> Alternativ können Sie sich auch die Situation einer konkreten Grundschule vor Augen führen (in der Sie unterrichten oder die Sie aus schulpraktischen Studien – im Rahmen des Studiums – kennen): Gibt es dort ein schulspezifisches Konzept zur Medienerziehung und Medienbildung?
> Wenn ja: Inwiefern unterscheidet sich dieses von den obigen Überlegungen? Welche Weiterentwicklungen sind wünschenswert?
> Wenn nein: Wie beurteilen Sie die Chancen, dass sich dort ein zufriedenstellendes Konzept entwickeln lässt?

Eine weitere Möglichkeit zur Weiterarbeit besteht darin, dass Sie erkunden, welche Richtlinien, Lehrplanbezüge und Bestimmungen es zur Medienerziehung oder Medienbildung in dem Bundesland gibt, in dem Sie unterrichten oder zukünftig unterrichten möchten. Welche Gemeinsamkeiten und Unterschiede gibt es zu den Überlegungen in diesem Kapitel? Was bedeuten diese für die Erstellung schulspezifischer Konzepte?

## 9 Entwicklung schulspezifischer Konzepte für die Medienerziehung

Wenn Sie sich noch weitergehend über die komplexen Zusammenhänge bei der Entwicklung schulspezifischer Konzepte im Rahmen der Schulentwicklung informieren möchten, sei ein Blick in folgende Arbeit empfohlen: Eickelmann, B. (2010): Digitale Medien in Schule und Unterricht erfolgreich implementieren. Eine empirische Analyse aus der Sicht der Schulentwicklungsforschung. Münster: Waxmann.

# 10

# Medienpädagogische Kompetenz von Lehrpersonen und Professionalisierung

Die Überlegungen im vorherigen Kapitel verdeutlichen (noch einmal), dass für die Umsetzung von Medienerziehung und Medienbildung in der Grundschule aufseiten der Lehrpersonen medienpädagogische Kompetenz notwendig ist. Der Begriff der *medienpädagogischen Kompetenz* wird dabei in begrifflicher Unterscheidung zu *Medienkompetenz* gewählt: Während sich Medienkompetenz auf das Wissen und Können sowie die Einstellungen bezieht, die letztlich für alle Bürgerinnen und Bürger für ein individuell und gesellschaftlich verantwortliches Handeln in einer von Medien beeinflussten Welt erforderlich sind, richtet sich medienpädagogische Kompetenz auf Wissen, Können und Einstellungen, die wichtig sind, um Aufwachsende beim

Erwerb von Medienkompetenz anzuregen und zu unterstützen. Auf der Grundlage dieser begrifflichen Unterscheidung geht es in diesem Kapitel darum, entsprechende Kompetenzerwartungen an Lehrpersonen zu skizzieren, auf mögliche Akzentsetzungen in der Aus- und Fortbildung hinzuweisen und diese in den Rahmen von Überlegungen zur Professionalisierung zu stellen. Ausgangspunkt soll eine Skizze zu einer Veranstaltung an einer Universität bzw. Hochschule sein.

## 10.1  Ein Beispiel aus dem Lehramtsstudium

> Eine Dozentin regt Studierende für das Lehramt an Grundschulen in einem Seminar anhand praktischer Fälle zur Auseinandersetzung mit folgenden Fragen an: Welche aktuellen Forschungsergebnisse gibt es zu Medieneinflüssen? Wie spiegeln sich ökonomische Bedingungen bei der Medienproduktion in der Mediengestaltung wider? Unter welchen Gesichtspunkten sollte man Medien, die man im Unterricht nutzen möchte, analysieren? Wie lässt sich die Verwendung von Medien beim Lehren und Lernen in lernförderlicher Weise in unterrichtliche Abläufe integrieren? Welche Erziehungs- und Bildungsaufgaben ergeben sich für die Grundschule angesichts von Digitalisierung und Mediatisierung? Was ist bei der Planung, Durchführung und Nachbereitung von Unterricht *mit* und *über* Medien zu bedenken? Auf welche medienbezogenen Aspekte sollte bei Hospitationen im Rahmen schulpraktischer Studien der Blick gelenkt werden? Wie kann erreicht werden, dass Medienerziehung und Medienbildung im Grundschulalltag eine hinreichende Beachtung erfahren – auch wenn es dafür kein eigenes Fach gibt?
> 
> Die einzelnen Seminarsitzungen laufen nach folgendem Muster ab: Die Dozentin arbeitet anhand eines praktischen Falls jeweils eine der obigen Fragestellungen heraus. Ausgehend von einer generellen Verständigung über das Vorgehen stellt sie mit Bezug

auf die jeweilige Fragestellung Texte mit grundlegenden Informationen zur Verfügung und/oder verweist auf Literaturstellen, die im Semesterapparat zu finden sind, und/oder empfiehlt bestimmte Webseiten. Die Bearbeitung der Texte oder Quellen erfolgt nach der Seminarsitzung eigenständig durch die Studierenden. Bei der nächsten Seminarsitzung wird der vorher eingeführte Fall auf der Grundlage der eigenständig erarbeiteten Informationen in Kleingruppen diskutiert. Die Diskussionsergebnisse werden danach in der Seminargruppe vorgestellt und vergleichend besprochen sowie im Hinblick auf wichtige Erkenntnisse zusammengefasst. Zu noch bestehenden Fragen werden weitere Literaturrecherchen empfohlen, ehe ein nächster Fall eingeführt wird.

Bezüglich einer solchen Veranstaltung stellen sich Fragen folgender Art: Inwiefern kann eine solche Veranstaltung einen Beitrag zur Entwicklung von medienpädagogischer Kompetenz für zukünftige Grundschullehrkräfte leisten? Welche Bereiche medienpädagogischer Kompetenz werden angesprochen? Kommen Aspekte der Professionalisierung hinreichend in den Blick?

Die folgenden Überlegungen bieten grundlegende Informationen für Antworten auf solche Fragen.

## 10.2 Medienbezogene Kompetenzerwartungen an Lehrpersonen

Generell ist für Lehrpersonen zunächst eine hinreichende Medienkompetenz im Sinne von Voraussetzungen für ein sachgerechtes, selbstbestimmtes, kreatives und sozial verantwortliches Handeln in einer von Medien beeinflussten Gesellschaft bedeutsam. Dies heißt für Lehrkräfte in der Grundschule, dass sie insbesondere hinsichtlich der in Abschnitt 6.4 aufgeführten inhalts- und nutzungsbezogenen Aufgabenfelder über ein solides Wissen und Können verfügen sollten. Im

Hinblick auf die Ausbildung ist allerdings zu bedenken, dass bisher nur eingeschränkte Möglichkeiten bestanden und bestehen, die wünschenswerte eigene Medienkompetenz in der Schule bzw. vor dem Studium zu erwerben. Des Weiteren macht die rasante Entwicklung der digitalen Technologien immer wieder Aktualisierungen notwendig.

Über eine angemessene Medienkompetenz hinaus verlangt die Umsetzung der Medienbildung Bereitschaft sowie Wissen und Können in verschiedenen Kompetenzbereichen, die für die Gestaltung medienpädagogischer Aktivitäten und ihre Einordnung in den schulischen Rahmen notwendig sind (vgl. u. a. Bartsch u. Sulewski 2018; Blömeke 2000; Gysbers 2008; Herzig u. Martin 2018; Mishra u. Koehler 2006; Niesyto u. Imort 2014; Redeker u. Punie 2017; Schulz-Zander et al. 2012; Tulodziecki 2012).

Angesichts der vielfältigen Beiträge zu diesem Thema erübrigt sich in diesem Band eine ausführliche Diskussion der verschiedenen Ansätze. Vor dem Hintergrund vorhandener Arbeiten sollen hier nur in aller Kürze wichtige Aufgabenbereiche und Kompetenzerwartungen für die Lehrkräftebildung zusammengestellt werden. Dabei dient der »Kompetenzorientierte Rahmen zur Entwicklung von Curricula für medienpädagogische Studiengänge und Studienanteile« als Hintergrundfolie (DGfE-Sektion Medienpädagogik 2017). Auf dieser Grundlage können als wichtige Aufgabenbereiche der Lehrkräftebildung für die Grundschule hervorgehoben werden (vgl. Tulodziecki u. Grafe 2020, S. 272):

- Weiterentwicklung eigener Medienkompetenz (als Aktualisierung und als Aufarbeitung von Defiziten)
- Reflektierte Nutzung von Medien oder digitalen Umgebungen für Lehren und Lernen in der Grundschule
- Wahrnehmung und Umsetzung von Erziehungs- und Bildungsaufgaben im Medienbereich
- Mitarbeit an der Entwicklung schulspezifischer Konzepte zur Medienerziehung und Medienbildung in der Grundschule.

## 10.2 Medienbezogene Kompetenzerwartungen an Lehrpersonen

Im Hinblick auf diese Aufgabenbereiche liegen bei der folgenden Beschreibung von Kompetenzerwartungen nachstehende Aspekte zugrunde (diese sind generell für ein wissenschaftlich fundiertes Handeln im Sinne von Professionalisierung bedeutsam):

* Analyse und Bewertung von Bedingungen des Handelns und deren Beachtung
* Analyse und Beurteilung von Konzepten, Theorien und Forschungsergebnissen als Bezugspunkte für Handeln
* Analyse und Bewertung vorhandener Beispiele des Handelns
* Entwicklung eigener konzeptioneller Vorstellungen und Entwürfe zur Umsetzung
* Erprobung und Evaluation eigener Entwürfe.

Entsprechende Kompetenzerwartungen sind im Folgenden – bezogen auf die oben angeführten Aufgabenbereiche – zusammengestellt (in Anlehnung an Tulodziecki u. Grafe 2020, S. 273 f.):

### Weiterentwicklung eigener Medienkompetenz

* Defizite bei der eigenen Medienkompetenz erkennen und aufarbeiten,
* Entwicklungen im Medienbereich verfolgen und sich in neue Entwicklungen, die für Lernen, Erziehung oder Bildung in der Grundschule relevant sind, einarbeiten.

### Reflektierte Nutzung von Medien oder digitalen Lernumgebungen für Lehren und Lernen in der Grundschule

* Fragestellungen zur Nutzung von Medien für Lehren und Lernen in der Grundschule erläutern,
* Aspekte der Mediennutzung von Kindern, die für das Lehren und Lernen mit Medien relevant sind, beschreiben und beachten,
* Konzepte, Theorien und empirische Forschungsergebnisse zum Lehren und Lernen mit Medien oder digitalen Umgebungen

skizzieren und in ihrer Bedeutung für die eigene Praxis einschätzen,
- Medienangebote oder digitale Umgebungen für das Lehren und Lernen analysieren und bewerten,
- einfache Medienbeiträge zur Anregung, Unterstützung oder Kontrolle von Lernprozessen selbst entwerfen und gestalten,
- vorhandene Beispiele zur Medienverwendung für Lehren und Lernen analysieren und bewerten,
- eigene Unterrichtseinheiten oder Projekte mit der Nutzung von Medien oder digitalen Lernumgebungen entwerfen, erproben und evaluieren.

**Wahrnehmung und Umsetzung von Erziehungs- und Bildungsaufgaben im Medienbereich**

- Fragestellungen zu medienbezogenen Erziehungs- und Bildungsaufgaben in der Grundschule erläutern,
- Aspekte der Mediensozialisation von Kindern, die für Erziehung und Bildung relevant sind, beschreiben und beachten,
- Ergebnisse und Methoden der Medienforschung, die für die Medienerziehung und Medienbildung in der Grundschule bedeutsam sind, skizzieren und bewerten,
- Konzepte, Theorien und empirische Forschungsergebnisse zu medienbezogenen Erziehungs- und Bildungsaufgaben erläutern und in ihrer Bedeutung für die eigene Praxis einschätzen,
- Medienangebote, die für Kinder interessant sind, analysieren und bewerten,
- vorhandene Unterrichtseinheiten oder Projekte zu medienbezogenen Erziehungs- und Bildungsaufgaben analysieren und bewerten,
- eigene Unterrichtseinheiten oder Projekte zu medienbezogenen Erziehungs- und Bildungsaufgaben entwerfen, erproben und evaluieren.

**Mitarbeit an der Entwicklung schulspezifischer Konzepte zur Medienerziehung und Medienbildung in der Grundschule**

- institutionelle Bedingungen der Grundschule (personale, curriculare, organisatorische und ausstattungsbezogene) für das Lernen mit und über Medien skizzieren,
- vorhandene Konzepte zur medienbezogenen Organisation und Entwicklung in der Schule skizzieren und in ihrer Bedeutung für eigenes schulisches Handeln einschätzen,
- Beispiele für die Entwicklung schulspezifischer Konzepte im Rahmen von Schulentwicklungsprozessen analysieren und bewerten,
- ein schulspezifisches Konzept zur Medienerziehung und Medienbildung zusammen mit anderen entwerfen und – wenn möglich – umsetzen und evaluieren.

## 10.3 Zum Kompetenzerwerb in verschiedenen Phasen der Lehrkräftebildung

Die oben beschriebenen Kompetenzerwartungen gelten für die Lehrkräftebildung insgesamt. Dabei lassen sich in den einzelnen Phasen der Lehrkräftebildung unterschiedliche Akzente setzen.

Im *Studium* für das Lehramt an Grundschulen ist es in der Regel notwendig, Studierenden zu ermöglichen, etwaige Defizite bezüglich der eigenen Medienkompetenz aufzuarbeiten und notwendige Aktualisierungen vorzunehmen. Der Hauptakzent des Studiums sollte allerdings auf dem Erwerb wissenschaftlicher Grundlagen für die weiteren Aufgabenbereiche medienpädagogischer Kompetenz liegen. Hinsichtlich der Nutzung von Medien oder von digitalen Umgebungen für Lehren und Lernen sowie bezüglich der Wahrnehmung und Umsetzung von medienbezogenen Erziehungs- und Bildungsaufgaben sollten darüber hinaus Analysen und Bewertungen vorhandener

Ansätze und Beispiele sowie eigene Entwürfe und Erprobungen von Unterricht mit und über Medien angeregt und unterstützt werden. Außerdem kann es um erste Analysen und curriculare Entwürfe zu schulspezifischen Konzepten für die Medienerziehung und Medienbildung gehen. Bei entsprechenden Aktivitäten ist die Zusammenarbeit von Erziehungs- und Bildungswissenschaft mit den Fachdidaktiken sowie Fachwissenschaften von besonderer Bedeutung (vgl. Kortenkamp u. Goetz 2018).

Im *Referendariat* bzw. in Studienseminaren kommt es darauf an, die im Studium erworbenen Kenntnisse und Fähigkeiten in den Kontext beruflichen Handelns zu stellen. Demgemäß geht es vorrangig darum, Unterrichtseinheiten und Projekte mit und über Medien zu planen, durchzuführen und zu evaluieren. Des Weiteren sind Beteiligungen an Bestandsaufnahmen zu medienpädagogischen Aktivitäten sowie an der Entwicklung oder Weiterentwicklung schulspezifischer Konzepte zur Medienerziehung und Medienbildung wünschenswert.

Im Rahmen der *Fortbildung* ist es angesichts der informations- und kommunikationstechnologischen Entwicklungen gegebenenfalls notwendig, weitere Aktualisierungen der eigenen Medienkompetenz anzuregen. Besonders wichtig ist darüber hinaus, durch die Fortbildung die Weiterentwicklung, die Umsetzung und die Evaluation schulspezifischer Konzepte zur Medienerziehung und Medienbildung zu fördern, unter Umständen auch in Form schulinterner oder schulkooperativer Maßnahmen.

Die skizzierten Akzentsetzungen in den einzelnen Phasen setzen voraus, dass in den jeweils vorangehenden Phasen der Lehrkräftebildung die angesprochenen Schwerpunkte gesetzt und die entsprechende medienpädagogische Kompetenz erworben wurde. Sollte dies nicht der Fall sein, müssen in den jeweils nachfolgenden Phasen Maßnahmen ergriffen werden, um die für die vorgesehenen Akzentsetzungen notwendigen Voraussetzungen nachträglich zu schaffen.

Bei den Maßnahmen sollte grundsätzlich das gesamte Medienspektrum im Blick bleiben. Dies bedeutet allerdings nicht, dass sich jede Lehrperson *ausgiebige* technische Fertigkeiten sowie ein *detailliertes* Wissen und Können zu *allen* Medienarten aneignen muss – von

Zeitungen und Radio bis zu Fernsehen und Computertechnologie sowie von der Hörspiel- und der Videoproduktion bis zur Erstellung komplexer Webseiten. Da ein entsprechender Anspruch in der Ausbildung und Fortbildung nicht zu erfüllen wäre, ist es besonders wichtig, schulspezifische Konzepte zur Medienerziehung und Medienbildung in fächerübergreifender Weise zu gestalten: Durch die Beteiligung von Lehrpersonen unterschiedlicher Fächer und Lernbereiche wird es möglich, verschiedene – in einem Kollegium vorhandene – Kompetenzen zusammenzuführen.

## 10.4 Kompetenzerwerb und Professionalisierung

In der Ausbildungs- und Fortbildungspraxis wird hinsichtlich des Kompetenzerwerbs manchmal so verfahren, als ob es hinreichend sei, medienpädagogisch relevante Kenntnisse, Fertigkeiten sowie Fähigkeiten zu »vermitteln«. Dabei wird unterstellt, dass das »Vermittelte« anschließend in der Unterrichtspraxis mehr oder weniger problemlos angewendet werden kann. Solche Annahmen greifen zu kurz. Die Übertragung von Gelerntem auf neue Situationen setzt vielmehr ein kontextbezogenes und situiertes Lernen voraus. Dies lässt es geraten erscheinen, Fragen des Kompetenzerwerbs in den Kontext von Überlegungen zur Professionalisierung zu stellen (vgl. Knaus, Meister u. Tulodziecki 2018, S. 30–34). Eine entsprechende Rahmung bedeutet zum einen, dass der Kompetenzerwerb an Merkmalen professionellen Handelns orientiert sein sollte, und zum anderen, dass die Entwicklung zu einem wünschenswerten beruflichen Handeln unter einer längerfristigen Perspektive zu sehen ist (vgl. Tulodziecki u. Grafe 2020).

In diesem Kontext lässt sich *professionelles* Handeln als Bereitschaft und Fähigkeit zu einem situationsangemessenen, wissenschaftlich fundierten und verantwortungsbewussten beruflichen Handeln beschreiben. Ein solches Handeln setzt voraus: (a) die Verfügung über wissenschaftliche Grundlagen für das Handeln, (b) die Fähigkeit, wissenschaftliche Grundlagen fallbezogen mit praktischen Situationen in Beziehung zu setzen, (c) eine forschende Grundhaltung, (d) weitere Persönlichkeitseigenschaften, die für die Wahrnehmung beruflicher Aufgaben förderlich sind.

Im Hinblick auf solche Merkmale professionellen Handelns ist es für den Erwerb medienpädagogischer Kompetenz bedeutsam, eine reflexive Auseinandersetzung mit wissenschaftlichen Grundlagen – im Sinne obiger Kompetenzerwartungen – zu leisten, diese immer wieder in Beziehung zu praktischen Situationen zu setzen, eine forschende Grundhaltung aufzubauen sowie berufsethische Fragen und eigene Einstellungen zu reflektieren. Im Kontext solcher Prozesse geht es auch darum, das Verhältnis von Theorie und Praxis zu bedenken. Dabei sollten beide Bereiche *nicht* – wie es manchmal geschieht – als getrennte Domänen aufgefasst, sondern durch das angesprochene In-Beziehung-Setzen von wissenschaftlichen Grundlagen mit praktischen Fällen bzw. Situationen in Verbindung gebracht werden (vgl. Tulodziecki, Herzig u. Blömeke 2017, S. 322).

Darüber hinaus gilt – wie oben angesprochen –, dass professionelles Handeln nicht kurzfristig durch einzelne Ausbildungs- oder Fortbildungsveranstaltungen erreicht werden kann, sondern *größere Zeiträume* erfordert. Dies zeigt auch die sogenannte Expertiseforschung (vgl. Berliner 1994; Neuweg 1999). Danach stellt sich Professionalisierung als Entwicklungsvorgang dar, der vom Anfängerstadium (*Novize)* über die Zwischenstufe eines fortgeschrittenen Anfängertums (*Advanced Beginner*) und die Stufe des kompetenten Handelns (*Competent Level of Performance*) sowie über eine weitere Zwischenstufe (*Proficient Level*) zum Expertenstatus (*Expert*) führt. Für *Novizen* gilt, dass sie zwar über (kontextfreies) Wissen verfügen, während einer pädagogischen Handlung jedoch kaum freie kognitive Kapazitäten haben, um in der Handlungssituation selbst Analysen vorzunehmen und darauf basierende Entscheidungen zu treffen. Dies gelingt erst mit zunehmenden Erfahrungen. Auf der Basis von Erfahrungen kann sich dann später die Stufe des kompetenten

## 10.4 Kompetenzerwerb und Professionalisierung

Handelns herausbilden. Auf dieser Stufe ist es möglich, in Reaktion auf aktuelle Ereignisse angemessene Entscheidungen zu treffen – gegebenenfalls auch abweichend von der Planung. Zugleich bilden sich erste situationsangemessene Routinen heraus. Mit der Weiterentwicklung entsprechender Fähigkeiten kann sich schließlich eine immer stärkere situationsspezifische Organisation des Wissens einstellen, verbunden mit einem fortschreitend schnellen und routinisierten Zugriff darauf. Dies führt auf der Expertenstufe sowohl vor als auch während einer Handlung und in nachfolgenden Reflexionen zu situations- und fallangemessenen sowie verantwortungsbewussten Analysen, Bewertungen und Entscheidungen.

Bei einer solchen Modellvorstellung zur Entwicklung von Professionalität gilt Kompetenzerwerb zum einen als notwendige Bedingung bzw. Voraussetzung für das Stadium des Expertentums. Zugleich erscheint Kompetenzerwerb jedoch – bezogen auf das der Entwicklungsvorstellung zugrunde liegende Kompetenzverständnis – noch nicht hinreichend für das letztlich angestrebte professionelle Handeln. Dafür ist eine weitergehende reflexive Verarbeitung längerfristiger Berufserfahrungen notwendig.

> **Hinweise für die Weiterarbeit**
> Sehen Sie sich bitte das Eingangsbeispiel zu einem Hochschulseminar noch einmal an und reflektieren Sie mit Bezug auf das Beispiel folgende Fragen: Inwiefern kann eine solche Veranstaltung einen Beitrag zur Kompetenzentwicklung für zukünftige Grundschullehrkräfte leisten? Welche Aufgabenbereiche medienpädagogischer Kompetenz werden angesprochen? Werden Aspekte der Professionalisierung hinreichend oder nicht hinreichend beachtet?
> Entwerfen Sie bitte eine kurze Stellungnahme zu diesen Fragen.

Wenn Sie an weitergehenden Fragen zur medienpädagogischen Kompetenz interessiert sind, sei Ihnen der folgende Band empfohlen:

Schulz-Zander, R. et al. (Hrsg.) (2012): Jahrbuch Medienpädagogik 9. Wiesbaden. VS Springer.

Darüber hinaus können Sie sich den »Kompetenzorientierten Rahmen zur Entwicklung von Curricula für medienpädagogische Studiengänge und Studienanteile« der DGfE-Sektion Medienpädagogik (2017) ansehen: https://www.dgfe.de/fileadmin/OrdnerRedakteure/Sektionen/Sek12_MedPaed/Orientierungsrahmen_Sektion_Medienpaed_final.pdf. Dabei können Sie auch reflektieren, inwiefern sich dieser Rahmen in den oben aufgelisteten Kompetenzerwartungen widerspiegelt.

# Abbildungs- und Tabellenverzeichnis

| | | |
|---|---|---|
| **Abb. 2.1:** | Modellvorstellung von menschlichem Handeln (vgl. Tulodziecki, Herzig u. Grafe 2021, S. 53)...... | 44 |
| **Tab. 6.1:** | Konzeptioneller Rahmen für medienbezogene Erziehungs- und Bildungsaufgaben und ihre Umsetzung in der Grundschule ................... | 116 |
| **Tab. 9.1:** | Zusammenfassende Übersicht zu nutzungsbezogenen *Aufgabenfeldern* für ein schulspezifisches Konzept......................... | 161 |
| **Tab. 9.2:** | Zusammenfassende Übersicht zu *inhaltsbezogenen Aufgabenfeldern* für ein für schulspezifisches Konzept............................................. | 163 |
| **Tab. 9.3:** | Kurzbeschreibung für durchgeführte, laufende oder geplante Aktivitäten zur Medienerziehung und Medienbildung............................... | 167 |

# Literaturverzeichnis

Aufenanger, S. (2017): Bienen, Kräne, Dinos und Schildkröten. Ein Überblick über Programmiertools für verschiedene Altersstufen. Computer + Unterricht, Heft 107/2017, 37–40.

Autorengruppe Grundschulprojekt Gievenbeck (1986): Hitchcock in der Grundschule. Ein Projekt gegen kindliche Ängste. In: D. Hänsel (Hrsg.), Das Projektbuch Grundschule (S. 161–178). Weinheim: Beltz.

Averesch, D. (2010): Was Hotelbewertungen im Internet wirklich taugen. Berlin: Welt. Online verfügbar unter: https://www.welt.de/reise/article7727518/Was-Hotelbewertungen-im-Internet-wirklich-taugen.html, Zugriff am 21.01.2021.

Baacke, D. (1973): Kommunikation und Kompetenz. Grundlegung einer Didaktik der Kommunikation und ihrer Medien. München: Juventa.

Baacke, D. (1992): Handlungsorientierte Medienpädagogik. In: W. Schill, G. Tulodziecki u. W.-R. Wagner (Hrsg.), Medienpädagogisches Handeln in der Schule (S. 33–58). Opladen: Leske + Budrich.

Bader, R. (2016): Algorithmisierte Lebenswelt. merz medien + erziehung, 60 (4), 10–18.

Bartsch, P. u. Sulewski, H. (2018): Medienbildung *goes* Lehrerbildung. Qualifizierung der Lehrenden als zentrale Stellschraube bei der Etablierung der Medienbildung in der Schule. In: T. Knaus, D. M. Meister u. K. Narr (Hrsg.), Futurelab. Medienpädagogik. Qualitätsentwicklung – Professionalisierung – Standards (S. 133–149). München: kopaed.

Berliner, D. C. (1994): Teacher expertise. In: T. Husen u. T. N. Postlethwaite (Hrsg.), The international encyclopedia of education. Volume 10 (2. ed.), (pp. 6020–6026). London: Pergamon.

Blömeke, S. (2000): Medienpädagogische Kompetenz. Theoretische und empirische Fundierung eines zentralen Elements der Lehrerausbildung. München: kopaed.

Bundeszentrale für politische Bildung (2010): Massenmedien. Online verfügbar unter: https://www.bpb.de/izpb/7485/massenmedien, Zugriff am 09.03.2021.

Deci, E. u. Ryan, R. (1993): Die Selbstbestimmungstheorie der Motivation und ihre Bedeutung für die Pädagogik. Zeitschrift für Pädagogik, 39 (2), 223–238.

# Literaturverzeichnis

Eickelmann, B. (2010): Digitale Medien in Schule und Unterricht erfolgreich implementieren. Eine empirische Analyse aus der Sicht der Schulentwicklungsforschung. Münster: Waxmann.

DGfE-Sektion Medienpädagogik (2017): Orientierungsrahmen für die Entwicklung von Curricula für medienpädagogische Studiengänge und Studienanteile. Online verfügbar unter: https://www.dgfe.de/fileadmin/OrdnerRedakteure/Sektionen/Sek12_MedPaed/Orientierungsrahmen_Sektion_Medienpaed_final.pdf, Zugriff am 21.01.2021.

Gapski, H. (2016): Medienkompetenz 4.0? Entgrenzungen, Verschiebungen und Überforderungen eines Schlüsselbegriffs. merz medien + erziehung, 60 (4), 19–25.

Gärtig-Daugs, A., Steinhäuser, A., Weitz, K., Neubauer, C., Schweibold, A. u. Smid, U. (2020): Informatik in Kindertageseinrichtungen und Grundschulen. In: S. Pohlmann-Rother, S. D. Lange u. U. Franz (Hrsg.), Kooperation von KiTa und Grundschule. Band 2: Digitalisierung, Inklusion und Mehrsprachigkeit – Aktuelle Herausforderungen beim Übergang bewältigen (S. 136–170). Köln: Wolters Kluwer.

GI [Gesellschaft für Informatik e. V.] (2018): Kompetenzen für informatische Bildung im Primarbereich. Beilage zu LOG IN, 38 (189/190).

Gilligan, C. (1983): In a Different Voice. Psychological Theory and Women's Development (6. Aufl.). Cambridge: Harvard University Press.

Gysbers, A. (2008): Lehrer, Medien, Kompetenz. Eine empirische Untersuchung zur medienpädagogischen Kompetenz und Performanz niedersächsischer Lehrkräfte. Berlin: Vistas.

Herzig, B. (1998): Förderung ethischer Urteils- und Orientierungsfähigkeit. Grundlagen und schulische Anwendungen. Münster: Waxmann.

Herzig, B. u. Martin, A. (2018): Lehrerbildung in der digitalen Welt – konzeptionelle und empirische Aspekte. In: J. Knopf, S. Ladel u. A. Weinberger (Hrsg.), Digitalisierung und Bildung (S. 89–113). Wiesbaden: Springer VS.

Hessisches Kultusministerium (o. J.): Medienbildungskonzept an Schulen. Online verfügbar unter: https://kultusministerium.hessen.de/foerderangebote/medienbildung/medienkompetenz-von-lehrkraeften/medienbildungskonzept-schulen, Zugriff am 14.03.2021.

Holzer, H. (1974): Kinder und Fernsehen. Materialien zu einem öffentlich-rechtlichen Dressurakt. München: Hanser.

Internet-ABC e. V. (o. J.): WISSEN, WIE'S GEHT! Lernmodule. Online verfügbar unter: https://www.internet-abc.de/kinder/lernmodule/, Zugriff am 10.03.2021.

Irion, T. (2020): Digitale Grundbildung in der Grundschule. Grundlegende Bildung in der digital geprägten und gestaltbaren, mediatisierten Welt. In: M. Thumel,

R. Kammerl u. T. Irion (Hrsg.), Digitale Bildung im Grundschulalter. Grundsatzfragen zum Primat des Pädagogischen (S. 49-81). München: kopaed.

Irion, T. (2016): Digitale Medienbildung in der Grundschule - Primarstufenspezifische und medienpädagogische Anforderungen. In: M. Peschel u. T. Irion (Hrsg.), Neue Medien in der Grundschule 2.0. Grundlagen - Konzepte - Perspektiven (S. 16-32). Frankfurt a. M.: Grundschulverband e. V.

Jung, J. (2021): Die Grundschule neu bestimmen. Eine praktische Theorie. Stuttgart: Kohlhammer.

Keilhacker, M. u. Keilhacker, M. (1953): Jugend und Spielfilm. Stuttgart: Klett.

Kerstiens, L. (1971): Medienkunde in der Schule. Lernziele und Vorschläge für den Unterricht (2. Aufl.). Bad Heilbrunn: Klinkhardt.

KIM-Studie (o.J.). Online verfügbar unter: https://www.mpfs.de/studien/, Zugriff am 21.01.2021.

KL!CK-T!PPS.NET (o.J.). Online verfügbar unter: https://www.klick-tipps.net/startseite/, Zugriff am 21.01.2021.

klicksafe für Kinder (o.J.). Online verfügbar unter: https://www.klicksafe.de/fuer-kinder, Zugriff am 21.01.2021.

klicksafe.de (2018): Durchs Jahr mit klicksafe. 12 Einheiten Medienpädagogik für die Grundschule. Online verfügbar unter: https://www.klicksafe.de/fileadmin/media/documents/pdf/klicksafe_Materialien/Lehrer_Allgemein/klicksafe_Unterrichtseinheiten_Durchs_Jahr_mit_klicksafe_1.pdf, Zugriff am 21.01.2021.

KMK [Kultusministerkonferenz] (2012): Medienbildung in der Schule. Beschluss der Kultusministerkonferenz vom 08.03.2012. Bonn: Sekretariat der KMK.

KMK [Kultusministerkonferenz] (2016): Bildung in der digitalen Welt. Strategie der Kultusministerkonferenz. Beschluss vom 08.12.2016. Berlin: Sekretariat der KMK.

Knaus, T, Meister, D. M. u. Tulodziecki, G. (2018): Qualitätsentwicklung - Professionalisierung - Standards. Thesen aus medienpädagogischer Sicht. In: T. Knaus, D. M. Meister u. K. Narr (Hrsg.), Futurelab Medienpädagogik (S. 23-47). München: kopaed.

Knaus, T. (2016): digital - medial - egal? Ein fiktives Streitgespräch um digitale Bildung und omnipräsente Adjektive in der aktuellen Bildungsdebatte. In: M. Brüggemann, T. Knaus u. D. M. Meister (Hrsg.), Kommunikationskulturen in digitalen Welten (S. 99-130). München: kopaed.

Knaus, T. (2017): Von medialen und technischen Handlungsoptionen, Interfaces und anderen Schnittstellen - eine *Lesson in Unlearning*. In: T. Knaus u. O. Engel (Hrsg.), Schnittstellen und Interfaces. Digitaler Wandel in Bildungseinrichtungen (S. 15-72). München: kopaed.

Kohlberg, L. (1977): Kognitive Entwicklung und moralische Erziehung. Politische Didaktik. Vierteljahreschrift für Theorie und Praxis des Unterrichts, Heft 3 (S. 5–21). Stuttgart: Metzler.

Kommer, S. u. Biermann, R. (2012): Der mediale Habitus von (angehenden) LehrerInnen. Medienbezogene Dispositionen und Medienhandeln von Lehramtsstudierenden. In: R. Schulz-Zander, B. Eickelmann, H. Moser, H. Niesyto u. P. Grell (Hrsg.), Jahrbuch Medienpädagogik 9 (S. 91–108). Wiesbaden: Springer VS.

Kortenkamp, U. u. Goetz, I. (2018): Medienbildung in der Lehrerinnen- und Lehrerbildung. kentron. Journal zur Lehrerbildung. Zentrum für Lehrerbildung und Bildungsforschung der Universität Potsdam, Ausgabe 32/November 2018, 22–25.

Krotz, F. (2016): Wandel von sozialen Beziehungen, Kommunikationskultur und Medienpädagogik. Thesen aus der Perspektive des Mediatisierungsansatzes. In: M. Brüggemann, T. Knaus u. D. M. Meister (Hrsg.), Kommunikationskulturen in digitalen Welten (S. 19–42). München: kopaed.

Kühler, M. und Rüther, M. (Hrsg.) (2016): Handbuch Handlungstheorie: Grundlagen, Kontexte, Perspektiven. Stuttgart: Metzler.

Lewers, M. (1993): Das Bild der Polizei im Fernsehen – Aufarbeitung medienvermittelter Vorstellungen über die Realität. In: LSW [Landesinstitut für Schule und Weiterbildung] (Hrsg.), Medienerziehung in der Schule. Teil 6: Unterrichtsbeispiele Grundschule (S. 56–72). Soest: LSW.

Maslow, A. H. (1981): Motivation und Persönlichkeit. Aus dem Amerikanischen von P. Kruntorad. Reinbek: Rowohlt.

Maslow, A. H., Geiger, H. u. Maslow, B. G. (1971): The Farther Reaches of Human Nature. New York: Viking Press.

Mayer-Schönberger, V. u. Ramge, T. (2017): Das Digital. Markt, Wertschöpfungen und Gerechtigkeit im Datenkapitalismus. Berlin: Econ.

Medienkompetenzrahmen NRW (o. J.): Medienkompetenz entwickeln. Informationen, Unterrichtsideen und Hilfestellungen. Online verfügbar unter: https://medienkompetenzrahmen.nrw/, Zugriff am 21.01.2021.

Mishra, P. u. Koehler, M. J. (2006): Technological Pedagogical Content Knowledge: A Framework for Teacher Knowledge. Teachers College Record 108 (6), 1017–1054.

Mitzlaff, H. u. Speck-Hamdan, A. (Hrsg.) (1998): Grundschule und neue Medien. Frankfurt a. M.: Arbeitskreis Grundschule.

mpfs [Medienpädagogischer Forschungsverbund Südwest] (2019): KIM-Studie 2018. Kindheit, Internet, Medien. Basisuntersuchung zum Medienumgang 6- bis 13-Jähriger. Online verfügbar unter: https://www.mpfs.de/fileadmin/files/Studien/KIM/2018/KIM-Studie_2018_web.pdf, Zugriff am 21.01.2021.

Neuweg, G. H. (1999): Erfahrungen in der LehrerInnenbildung – Potenziale und Grenzen im Lichte des Dreyfus-Modells. Erziehung und Unterricht, Heft 5/6, 363–372.

Niesyto, H. u. Imort, P. (2014): Grundbildung Medien in pädagogischen Studiengängen. Ansätze und Entwicklungsperspektiven. In: P. Imort u. H. Niesyto (Hrsg.), Grundbildung Medien in pädagogischen Studiengängen (S. 9–49). München: kopaed.

Peters, J. M. (1963): Grundlagen der Filmerziehung. München: Juventa.

PH Ludwigsburg (2019): dileg-SL Abschlusstagung. Teilprojekt 1: Intermediales Geschichtenverstehen und Digital Storytelling. Online verfügbar unter: https://www.ph-ludwigsburg.de/18613+M532f4644cef.html, Zugriff am 08.03.2021.

Piaget, J. (1984): Psychologie der Intelligenz. Mit einer Einführung von Hans Aebli (8. Aufl. in der vollständig überarbeiteten Übersetzung). Stuttgart: Klett-Cotta.

Pupeter, M. u. Schneekloth, U. (2018): Familie: vielfältige Hintergründe und unterschiedliche Lebenslagen. In: World Vision Deutschland (Hrsg.), Kinder in Deutschland 2018. 4. World Vision Kinderstudie (S. 54–75). Weinheim: Beltz.

Redecker, C. u. Punie, Y. (2017): European Framework for the Digital Competence of Educators: DigCompEdu. Luxembourg: Publications Office of the European Union. Online verfügbar unter: https://ec.europa.eu/jrc/en/publication/eur-scientific-and-technical-research-reports/european-framework-digital-competence-educators-digcompedu, Zugriff am 21.01.2021.

Schaumburg, H. u. Prasse, D. (2019): Medien und Schule. Theorie – Forschung – Praxis. Bad Heilbrunn: Klinkhardt/UTB.

Schelhowe, H. (2007): Technologie, Imagination und Lernen. Grundlagen für Bildungsprozesse mit Digitalen Medien. Münster: Waxmann.

Schill, W. (2008): Integrative Medienerziehung in der Grundschule. Konzeption am Beispiel medienpädagogischen Handelns mit auditiven Medien. München: kopaed.

Schnoor, D., Daum, W., Langenbuch, G. u. Mattern, K. (Hrsg.) (1993): Medienprojekte für die Grundschule. Braunschweig: Westermann.

Schnoor, D., Thomzik, S. u. Wreesmann, A. (1993): Ich sehe was, was du nicht siehst. Erste Schritte technische Bilder zu produzieren und zu »lesen«. In: D. Schnoor, W. Daum, G. Langenbuch u. K. Mattern (Hrsg.), Medienprojekte für die Grundschule (S. 38–53). Braunschweig: Westermann.

Schorb, B. (1995): Medienalltag und Handeln. Medienpädagogik in Geschichte, Forschung und Praxis. Opladen: Leske + Budrich.

Schorch, G. (2007): Studienbuch Grundschulpädagogik. Die Grundschule als Bildungsinstitution und pädagogisches Handlungsfeld. (3., überarbeitete und erweiterte Aufl.). Bad Heilbrunn: Klinkhardt.

Schroder, H. M., Driver, M. J. u. Streufert, S. (1975): Menschliche Informationsverarbeitung. Die Strukturen der Informationsverarbeitung bei Einzelpersonen und Gruppen in komplexen sozialen Situationen. Weinheim: Beltz.

Schulz-Zander, R., Eickelmann, B., Moser, H., Niesyto, H. u. Grell, P. (Hrsg.) (2012): Jahrbuch Medienpädagogik 9. Wiesbaden: Springer VS.

Stiftung Medienpädagogik Bayern (2018): Medienführerschein Bayern. Online verfügbar unter: https://www.medienfuehrerschein.bayern/Angebot/22_Grundschule.htm, Zugriff am 07.03.2021.

Thumel, M., Kammerl, R. u. Irion, T. (Hrsg.) (2020): Digitale Bildung im Grundschulalter. Grundsatzfragen zum Primat des Pädagogischen. München: kopaed.

Tulodziecki, G. (1989): Medienerziehung in Schule und Unterricht. Bad Heilbrunn: Klinkhardt.

Tulodziecki, G. (1997): Medien in Erziehung und Bildung. Grundlagen und Beispiele einer handlungs- und entwicklungsorientierten Medienpädagogik (3., überarbeitete und erweiterte Aufl.). Bad Heilbrunn: Klinkhardt.

Tulodziecki, G. (2012): Medienpädagogische Kompetenz und Standards in der Lehrerbildung. In: R. Schulz-Zander, B. Eickelmann, H. Moser, H. Niesyto u. P. Grell, P. (Hrsg.), Jahrbuch Medienpädagogik 9 (S. 271–297). Wiesbaden: Springer VS.

Tulodziecki, G. (2020a): Künstliche Intelligenz und Medienpädagogik. In: A. Beranek, S. Ring u. M. Schuegraf (Hrsg.), Zwischen Utopie und Dystopie. Medienpädagogische Perspektiven für die digitale Gesellschaft (S. 35–49). München: kopaed.

Tulodziecki, G. (2020b): Medienbildung und Informatik verbinden – aber wie? merz medien + erziehung, 64 (1), 54–60.

Tulodziecki, G. (2021): Wie wir handeln. Bedingungen des Handelns und ihre Bedeutung für Freiheit, Verantwortung und künstliche Intelligenz. Hamburg: tredition.

Tulodziecki, G. u. Grafe, S. (2020): Kompetenzerwartungen an Lehrpersonen und Professionalisierung angesichts von Mediatisierung und Digitalisierung. In: H. Friedrichs-Liesenkötter, L. Gerhardts, A.-M. Kamin u. S. Kröger (Hrsg.), Medienpädagogik als Schlüsseldisziplin in einer mediatisierten Welt. Perspektiven aus Theorie, Empirie und Praxis. Themenheft Nr. 37 (S. 265–281). Zürich: Zeitschrift für Medienpädagogik. Online verfügbar unter: https://www.medienpaed.com/article/view/722/900, Zugriff am 21.01.2021.

## Literaturverzeichnis

Tulodziecki, G., Herzig, B. u. Blömeke, S. (2017): Gestaltung von Unterricht. Eine Einführung in die Didaktik (3., überarbeitete und erweiterte Aufl.). Bad Heilbrunn: Klinkhardt/UTB.

Tulodziecki, G., Herzig, B. u. Grafe, S. (2021): Medienbildung in Schule und Unterricht. Grundlagen und Beispiele. (3., durchgesehene und aktualisierte Aufl.). Bad Heilbrunn: Klinkhardt/UTB.

Tulodziecki, G., Herzig, B., Mose, K., Mütze, C. u. Hauf-Tulodziecki, A. (1995): Handlungsorientierte Medienpädagogik in Beispielen. Projekte und Unterrichtseinheiten für Grundschulen und weiterführende Schulen. Bad Heilbrunn: Klinkhardt.

Vorderer, P. u. Klimmt, C. (2016): »Das neue Normal«. *DIE ZEIT*, Nr. 5, 28. Januar 2016, 33.

Wolfert, S. u. Pupeter, M. (2018): Freizeit: Hobbys und Mediennutzung. In: World Vision Deutschland (Hrsg.), Kinder in Deutschland 2018. 4. World Vision Kinderstudie (S. 95–125). Weinheim: Beltz.

World Vision Kinderstudien (aktuelle Informationen). Online verfügbar unter: https://www.worldvision.de/informieren/institut/publikationen, Zugriff am 21.01.2021.

World Vision. Zukunft der Kinder (2018): Zusammenfassung der 4. World Vision Kinderstudie 2018. Online verfügbar unter: https://www.worldvision.de/sites/worldvision.de/files/pdf/World-Vision-Zusammenfassung-vierte-Kinderstudie.pdf, Zugriff am 21.01.2021.

Zimbardo, P. G. u. Gerrig, R. J., bearbeitet von R. Graf, M. Nagler u. B. Ricker (2004): Psychologie (16., aktualisierte Aufl.). München: Pearson Studium.

ZUM.de (2016): Grundschulwiki. Hilfe für Eltern, Erzieher und Lehrer. Online verfügbar unter: https://grundschulwiki.zum.de/wiki/Hilfe:Hilfe_f%C3%BCr_Eltern,_Erzieher_und_Lehrer, Zugriff am 21.01.2021.